LCP **German School Dictionary**

Commissioning Editor
Teresa Adams

Editorial
Martha Harrison • David Jones • Nicola Lusby • Caroline Pugh

Design
Simon Dainty • Antony Dickens • Sara Hemp

LCP
Hampton House
Longfield Road
Leamington Spa
Warwickshire
CV31 1XB

tel: 01926 886914 • **fax:** 01926 887136
e-mail: mail@LCP.co.uk • **website:** www.LCP.co.uk

© *LCP* Ltd 2004
First published 2004

All rights reserved. No part of this publication may be reproduced, stored in a retrieval system or transmitted in any form or by any means, without the prior written permission of the publisher.

ISBN 1 904178 66 9

LCP **German School Dictionary**

The *LCP* **German School Dictionary** is a dictionary for beginners of German. It is an easy introduction to a bilingual dictionary to give you confidence in looking up words and then using them.

Unlike a standard dictionary, it is fully colour-coded for your ease of use. All headwords are listed alphabetically, with five main types of words in different colours.

🟩 Any word printed in *green* is a verb (e.g. *arbeiten*), or part of a verb (e.g. *bist* from *sein*). Before you can fully understand the meaning of a verb, you need to look at its tense and its endings. For example, *arbeiten* is listed as 'to work', but you may come across it as *er hat gearbeitet* ('he has worked') or *du arbeitest?* ('do you work?').

Equally, if you look up the English words 'to work', you will find *arbeiten*. But before you can use it, you will probably need to change the ending. The appendix at the back of the dictionary will help you find the correct ending to use.

🟥 Any word in *red* is a feminine noun (e.g. *die Frau* = 'woman').
🟦 Any word in *blue* is a masculine noun (e.g. *der Mann* = 'man').
🟧 Any word in *orange* is a neuter noun (e.g. *das Ei* = 'egg').
If you want to know the plural of a noun, this is given in brackets directly after most nouns. If it is just the ending that alters, then this is shown.

🟪 Any *purple* word is an adjective (e.g. *groß*) or a word which often acts like an adjective (e.g. *kompliziert*). These words describe nouns and have to change their endings accordingly, e.g. *gute Nacht* or *guten Tag*.

Some words have more than one meaning, and you need to decide which is the more suitable meaning from the passage in which the word occurs. For example, if the text is about money and the word *Kurs* occurs, then the meaning is more likely to be 'exchange rate' than 'course'.

The two headwords at the top of each page show the first and last word dealt with.

The alphabet is printed on each page showing the featured letter in yellow, so that you can find the word you are looking for more easily.

There is a colour code reminder at the bottom of each page.

🟦 = masculine noun   🟥 = feminine noun   🟧 = neuter noun   🟩 = verb   🟪 = adjective

The dictionary also includes at the back a useful appendix of such areas as numbers, days of the week, months, times and seasons.

Deutsch – Englisch

Aa

	ab	from
der	Abend(-e)	evening
zu	Abend essen	to have dinner
das	Abendessen(-)	dinner, evening meal
	abends	in the evening
das	Abenteuer(-)	adventure
	aber	but
	abfahren	to leave, to depart
die	Abfahrt(-en)	departure
	abgeben	to hand over, to deliver
	abgebrannt	burnt down
	abholen	to pick…up
die	Abkürzung(-en)	abbreviation
	ablehnen	to turn down, to refuse
	abliefern	to deliver
sich	abmelden	to log off
	abnehmen	to lose weight
den Tisch	abräumen	to clear the table
der	Absatz (Absätze)	paragraph
der	Abschluss (Abschlüsse)	conclusion
	absolut	absolute, complete
	absolut	absolutely, completely
	abspülen	to wash the dishes
die	Abteilung(-en)	department
	abtrocknen	to dry (up)
	ab und zu	now and then
	abwaschen	to wash up
sich	abwechseln	to take turns
	acht	eight
	achte	eighth
	achten	to pay attention
die	Achterbahn(-en)	roller coaster
	Acht geben	to pay attention
	Achtung!	watch out!, attention!
	achtzehn	eighteen
	achtzig	eighty
das	Adjektiv(-e)	adjective
das	Adressbuch(-bücher)	address book
die	Adresse(-n)	address
das	Aerobic	aerobics
	Afrika	Africa

■ = masculine noun   ■ = feminine noun   ■ = neuter noun   ■ = verb   ■ = adjective

Agentur(-en) – anderswo

die	**Agentur**(**-en**)	agency
	ähnlich	similar
die	**Ahnung**(**-en**)	inkling, idea
keine	**Ahnung**	no idea
	akademisch	academic
der	**Aktionfilm**(**-e**)	action film
die	**Aktivität**(**-en**)	activity
	aktuell	topical, current, fashionable
der	**Alkohol**	alcohol
	alkoholfrei	alcohol-free
	alle	all
	allein	alone
	allergisch (**gegen**)	allergic (to)
	allerlei	all kinds of
	alles	everything
	alles klar?	everything OK?
der	**Alltag**	daily routine
die	**Alpen**	Alps
das	**Alphabet**	alphabet
	als	as
	also	therefore, so…, well…
	alt	old
wie	**alt bist du?**	how old are you?
das	**Alter**(-)	age
die	**Altersgruppe**(**-n**)	age group
das	**Altersheim**(**-e**)	old people's home
	älteste	oldest
der	**Altglascontainer**(-)	bottle bank
	altmodisch	old-fashioned
das	**Altpapier**	waste paper
der	**Altpapiercontainer**(-)	paper recycling skip
	am	at the
	Amerika	America
der	**Amerikaner**(-)	American man
die	**Amerikanerin**(**-nen**)	American woman
	amerikanisch	American
	am liebsten	most of all, the most
	an	on, to
die	**Ananas**(**-se**)	pineapple
der	**Ananassaft**(**-säfte**)	pineapple juice
das	**Andenken**(-)	souvenir
	anderer/andere/anderes	other
	ändern	to change
	anders	differently
	anderswo	elsewhere

■ = masculine noun   ■ = feminine noun   ■ = neuter noun   ■ = verb   ■ = adjective

Anfang – Arbeitslosigkeit

am	**Anfang**	at the beginning
der	**Anfang (Anfänge)**	beginning
das	**Angebot(-e)**	offer
	angeboten	offered
	angekommen	arrived
	angeln	to go fishing
das	**Angeln**	fishing
	angreifen	to attack
	Angst haben	to be afraid
	ankommen	to arrive
die	**Ankunft (Ankünfte)**	arrival
die	**Anlage(-n)**	grounds, facilities
sich	**anmelden**	to log on
die	**Anmeldung(-en)**	announcement
	annehmen	to accept, to take
der	**Anorak(-s)**	anorak
	anpassen	to adapt
	anprobieren	to try on
der	**Anruf(-e)**	phone call
der	**Anrufbeantworter(-)**	answer machine
	anrufen	to phone
	anschauen	to look at
sich	**ansehen**	to look at
der	**Ansprechpartner(-)**	contact person
	anstrengend	tiring
die	**Antwort(-en)**	answer
der	**Antwortbrief(-e)**	letter in reply
	antworten	to answer, to reply
die	**Anweisung(-en)**	instruction
die	**Anzeige(-n)**	advertisement
sich	**anziehen**	to get dressed
der	**Anzug (Anzüge)**	suit
der	**Apfel (Äpfel)**	apple
der	**Apfelsaft(-säfte)**	apple juice
die	**Apfelsine(-n)**	orange
der	**Apfelstrudel(-)**	apple strudel
die	**Apotheke(-n)**	dispensing chemist's
die	**Aprikose(-n)**	apricot
	April	April
das	**Aquarium (Aquarien)**	aquarium
die	**Arbeit(-en)**	work
	arbeiten	to work
das	**Arbeitsblatt(-blätter)**	worksheet
	arbeitslos	unemployed
die	**Arbeitslosigkeit**	unemployment

■ = masculine noun   ■ = feminine noun   ■ = neuter noun   ■ = verb   ■ = adjective

die	**ARD**	German TV channel
der	**Ärger**	trouble
	ärgern	to annoy
der	**Arm**(**-e**)	arm
die	**Armbanduhr**(**-en**)	watch
die	**Armee**(**-n**)	army
der	**Ärmelkanal**	the English Channel
die	**Art**(**-en**)	kind, sort
der	**Artikel**(**-**)	article
die	**Artischoke**(**-n**)	artichoke
der	**Arzt** (**Ärzte**)	doctor
die	**Ärztin**(**-nen**)	doctor
der	**Aschermittwoch**	Ash Wednesday
	Asien	Asia
der	**Atem**	breath
	atmen	to breathe
die	**Aubergine**(**-n**)	aubergine
	auch	also, too
	auf	on
	aufblasen	to blow up
der	**Aufenthalt**(**-e**)	stay, stop
	aufessen	to eat up
die	**Aufgabe**(**-n**)	task, exercise
	aufgebaut	built up
gut	**aufgelegt**	in a good mood
der	**Aufkleber**(**-**)	sticker
	aufmachen	to open
	aufmerksam	observant, careful
	aufpassen	to be careful, to watch out, to take care of
	aufräumen	to tidy up
	aufschreiben	to write down
	aufstehen	to get up
der	**Auftritt**(**-e**)	appearance (on stage)
	aufwachen	to wake up
die	**Aufwendung**(**-en**)	use, cost
	auf Wiederhören	goodbye (on phone)
	auf Wiedersehen	goodbye
	aufzeichnen	to sketch, to record
das	**Auge**(**-n**)	eye
im	**Augenblick**	at the moment
die	**Augenbraue**(**-n**)	eyebrow
die	**Augenwimper**(**-n**)	eyelash
	August	August
die	**Aula** (**Aulen**)	(school) assembly hall
	aus	from, out of

■ = masculine noun ■ = feminine noun ■ = neuter noun ■ = verb ■ = adjective

aus – Avocado(-s)

ich gebe…	aus	I spend…
der	Ausblick(-e)	view
der	Ausdruck (Ausdrücke)	expression
sich	ausdrücken	to express oneself
der	Ausflug(-flüge)	outing
den Hund	ausführen	to take the dog for a walk
	ausfüllen	to fill out, to complete (form)
die	Ausgabe(-n)	expenditure
der	Ausgang(-gänge)	exit
	ausgeben	to spend
	ausgehen	to go out
	ausgelastet	stretched to the limit
im	Ausland	abroad
	auslassen	to leave out
	auspacken	to unpack
die	Ausrede(-n)	excuse
	ausreichend	satisfactory
die	Ausrüstung	equipment
	ausschlafen	to have a lie-in
	aussehen	to look
	außerdem	apart from that, in addition
	aussetzen	to abandon
die	Aussprache	pronunciation
	aussprechen	to pronounce
	aussteigen	to get off (bus)
der	Austausch(-e)	exchange
die	Austauschschule(-n)	exchange school
	austragen	to deliver (newspapers)
	Australien	Australia
	austrinken	to drink up
der	Ausverkauf(-verkäufe)	sale
die	Auswahl(-en)	choice
	auswählen	to choose
	auswendig	by heart
sich	ausziehen	to get undressed
der	Auszubildende(-n)	trainee, apprentice(male)
die	Auszubildende(-n)	trainee, apprentice (female)
der	Auszug(-züge)	extract, exerpt
das	Auto(-s)	car
die	Autobahn(-en)	motorway
der	Autofahrer(-)	car driver
die	Autofahrerin(-nen)	car driver
der	Autor(-en)	author
die	Autorin(-nen)	author
die	Avocado(-s)	avocado

= masculine noun   = feminine noun   = neuter noun   = verb   = adjective

Bb

das	Baby(-s)	baby
	babysitten	to babysit
der	Babysitter(-)	babysitter (male)
die	Babysitterin(-nen)	babysitter (female)
das	Babysitting	babysitting
	backen	to bake
die	Bäckerei(-en)	baker's (shop)
das	Backhendel(-)	Austrian roast chicken
das	Bad (Bäder)	bath, bathroom
der	Badeanzug(-züge)	swimming costume
die	Badehose(-n)	swimming trunks
	baden	to have a bath
die	Badewanne(-n)	bath (tub)
das	Badezimmer(-)	bathroom
die (S-)	Bahn(-en)	tram, train
die	BahnCard(-s)	reduced price rail travel card
der	Bahnhof(-höfe)	railway station
	bald	soon
der	Balkon(-s)	balcony
der	Ball (Bälle)	ball
der	Ballon(-s)	balloon
die	Banane(-n)	banana
die	Band(-s)	band, group
die	Bandprobe(-n)	band practice
die	Bank(-en)	bank
die	Bank (Bänke)	bench
die	Bar(-s)	bar
der	Bart (Bärte)	beard
	Basketball	basketball
die	Bassgeige(-n)	double bass
die	Batterie(-n)	battery
der	Batteriecontainer(-)	battery bank
der	Bauch (Bäuche)	stomach
die	Bauchschmerzen (*pl.*)	stomach ache
	bauen	to build
der	Bauer(-n)	farmer (male)
die	Bäuerin(-nen)	farmer (female)
der	Bauernhof(-höfe)	farm
der	Baum (Bäume)	tree
die	Baumwolle	cotton
die	Baustelle(-n)	building site, roadworks
	Bayern	Bavaria

■ = masculine noun ■ = feminine noun ■ = neuter noun ■ = verb ■ = adjective

Beamte(-n) – Beruf(-e)

der	Beamte(-n)	official (male)
die	Beamtin(-nen)	official (female)
	beantworten	to answer
der	Becher(-)	beaker, cup
	bedauern	to regret
	bedeuten	to mean
die	Bedienung(-en)	waitress, waiter, service
	beeil dich!	hurry up!
sich	beeilen	to hurry up
	beenden	to end, to finish
der	Befehl(-e)	order
die	Beförderung(-en)	transport
	befreien	to free
	befriedigend	adequate
die	Begegnung(-en)	meeting
	begeistert	enthusiastic
die	Begeisterung	enthusiasm
	beginnen	to begin, to start
die	Behandlung(-en)	treatment
der	Behindertenausweis(-e)	disabled card
	bei	at (...'s house)
	beibringen	to teach
	beide	both
die	Beilage(-n)	side dish
	bei mir	at my house
das	Bein(-e)	leg
das	Beispiel(-e)	example
zum	Beispiel	for example
	bekannt	well-known
	bekommen	to get
	beißen	to bite
	Belgien	Belgium
	belgisch	Belgian
	beliebt	popular
die	Belohnung(-en)	reward
	bemalt	painted
	bemerken	to realise
	benutzen	to use
das	Benzin	petrol
	bequem	comfortable
	bereit sein	to be ready
der	Berg(-e)	mountain
die	Bergbahn(-en)	mountain railway, cable car
das	Bergsteigen	climbing (mountain)
	berichten	to report
der	Beruf(-e)	job, occupation

■ = masculine noun   ■ = feminine noun   ■ = neuter noun   ■ = verb   ■ = adjective

Berufsleben – Bildschirm(-e)

das	**Berufsleben**	working life
	berühmt	famous
	berühren	to touch
	beschreiben	to describe
die	**Beschreibung(-en)**	description
	beschriften	to label
der	**Besen(-)**	broom
	besichtigen	to visit, to look around (a town)
der	**Besitzer(-)**	owner (male)
die	**Besitzerin(-nen)**	owner (female)
nichts	**Besonderes**	nothing special
	besonders	especially, in particular
	besonders gern haben	to particularly like
	besprechen	to discuss
	besser	better
	bestätigen	to confirm
	beste	best
	bestellen	to order, to book
am	**besten**	best of all
	bestimmt	certain
	bestimmt	certainly
	bestrafen	to punish
	bestürzt	upset
der	**Besuch(-e)**	visit
	besuchen	to visit
der	**Besucher(-)**	visitor (male)
die	**Besucherin(-nen)**	visitor (female)
	beteiligen	to take part
der	**Beton**	concrete
	betragen	to amount to
	betreuen	to look after
	betrifft	is about
das	**Bett(-en)**	bed
ins	**Bett gehen**	to go to bed
die	**Bevölkerung**	population
die	**Bewerbung(-en)**	application
	bewölkt	cloudy
	bezahlen	to pay
die	**Beziehung**	relationship
die	**Bibel**	the Bible
die	**Bibliothek(-en)**	library
	biegen	to bend
das	**Bier(-e)**	beer
der	**Bierkrug(-krüge)**	beer mug
das	**Bild(-er)**	picture
der	**Bildschirm(-e)**	screen

■ = masculine noun ■ = feminine noun ■ = neuter noun ■ = verb ■ = adjective

	billig	cheap
ich	bin	I am
ich	bin 13 Jahre alt	I am 13 years old
	biodynamisch	organic
die	Biologie	biology
die	Birne(-n)	pear
	bis	until
	bis bald	see you soon
ein	bisschen	a bit
du	bist	you are
wie alt	bist du?	how old are you?
	bitte	please
	bitte sehr?	yes, please?
das	Blatt Papier (Blätter Papier)	piece of paper
	blau	blue
der	Blazer(-)	Blazer
	bleiben	to remain, to stay
	bleifrei	lead free
der	Bleistift(-e)	pencil
der	Blick(-e)	view
es	blitzt	there's lightning
	blöd	stupid, silly
	blond	blonde
die	Blume(-n)	flower
das	Blumengeschäft(-e)	florist's
der	Blumenkohl	cauliflower
die	Bluse(-n)	blouse
die	Bockwurst(-würste)	large Frankfurter sausage
der	Boden (Böden)	floor
der	Bodensee	Lake Constance
die	Bohne(-n)	bean
das	Bonbon(-s)	sweet
das	Boot(-e)	boat
die	Bootsfahrt(-en)	boat trip
	böse	angry
die	Boutique(-n)	boutique
das	Bowling	bowling
der	Braten(-)	roast meat
die	Bratwurst(-würste)	type of sausage
	brauchen	to need
	braun	brown
	braun werden	to get a tan
	Bravo	well done
	breit	wide, broad, flared
die	Breite(-n)	width

Bremse(-n) – Butterbrot(-e)

die	Bremse(-n)	brake
	brennen	to burn
der	Brief(-e)	letter
der	Brieffreund(-e)	penfriend (male)
die	Brieffreundin(-nen)	penfriend (female)
die	Briefmarke(-n)	stamp
die	Brieftasche(-n)	wallet
der	Briefträger(-)	postman
die	Briefträgerin(-nen)	postwoman
die	Brille(-n)	glasses
	bringen	to bring
der	Brite(-n)	British man
die	Britin(-nen)	British woman
	britisch	British
die	Broschüre(-n)	brochure
das	Brot(-e)	bread
das	Brötchen(-)	bread roll
die	Brücke(-n)	bridge
der	Bruder (Brüder)	brother
	brünett	brown-haired
der	Brunnen(-)	fountain
das	Buch (Bücher)	book
das	Bücherregal(-e)	bookshelf
die	Buchhandlung(-en)	bookshop
die	Bude(-n)	kiosk, stand
das	Buffet	buffet
	bügeln	to iron
die	Bühne	stage
das	Bundesland(-länder)	federal *Land* in Germany
die	Bundesliga(-en)	football league (premier league and first division)
der	Bungalow(-s)	bungalow
	bunt	colourful
der	Buntstift(-e)	coloured pencil
der	Bürger(-)	citizen (male)
die	Bürgerin(-nen)	citizen (female)
der	Bürgermeister(-)	mayor
die	Bürgermeisterin(-nen)	mayoress
das	Büro(-s)	office, study
die	Bürohilfe(-n)	office assistant
der	Bus(-se)	bus
der	Busbahnhof(-höfe)	bus station
die	Busfahrkarte(-n)	bus ticket
die	Bushaltestelle(-n)	bus stop
die	Butter	butter
das	Butterbrot(-e)	sandwich

■ = masculine noun   ■ = feminine noun   ■ = neuter noun   ■ = verb   ■ = adjective

Cc

das	**Café(-s)**	café
das	**Camping**	camping
die	**Campingausrüstung(-en)**	camping equipment
der	**Campingplatz(-plätze)**	campsite
die	**Campingreise(-n)**	camping trip
der	**Campingurlaub(-e)**	camping holiday
der	**Cartoon(-s)**	cartoon
die	**CD(-s)**	CD
der	**CD-Spieler(-)**	CD player
das	**Cello(-s)**	cello
der	**Champignon(-s)**	mushroom
die	**Chance(-n)**	chance
das	**Chancenspiel(-e)**	game of fortune
das	**Chaos**	chaos
der	**Charakter(-e)**	character
die	**Charaktereigenschaft(-en)**	characteristic
die	**Chemie**	chemistry
das	**Chemielabor(-s)**	chemistry laboratory
	chinesisch	Chinese
die	**Chips** (*pl.*)	crisps
die	**Chipstüte(-n)**	crisp packet
der	**Chor (Chöre)**	choir
der	**Christ(-en)**	Christian (male)
das	**Christentum**	Christianity
die	**Christin(-nen)**	Christian (female)
die	**Clique(-n)**	group of friends
der	**Clown(-s)**	clown
der	**Cocktail(-s)**	cocktail
die	**Cola(-s)**	cola
der	**Comic(-s)**	comic
der	**Computer(-)**	computer
	computererfahren	computer literate
das	**Computerspiel(-e)**	computer game
der	**Container(-)**	container
	cool	cool
der	**Cousin(-s)**	cousin (male)
die	**Cousine(-n)**	cousin (female)
der	**Curry(-s)**	curry
die	**Currywurst(-würste)**	curry sausage with spicy ketchup

■ = masculine noun   ■ = feminine noun   ■ = neuter noun   ■ = verb   ■ = adjective

Dd

	da	there
das	**Dach** (**Dächer**)	roof
der	**Dachboden**(**-böden**)	loft
	dafür	(in exchange) for this
	dagegen	against it, whereas
ich bin	dagegen	I don't agree
	dahin	there
die	**Dame**(**-n**)	lady
	damit	with this
	danach	afterwards
	daneben	next to it
	Dänemark	Denmark
vielen	**Dank**	thank you very much
	danke	thank you
	dann	then
	darauf	on it
ich	**darf**	I am allowed to
was	**darf** es **sein**?	can I help you?, what will it be?
du	**darfst**	you are allowed
	darstellen	to show, to portray
	darüber	over it, about it
	das	the, that
	dass	that (conjunction)
die	**Datei**(**-en**)	file (computer)
die	**Daten** (*pl.*)	data
die	**Datenverarbeitung**(**-en**)	data processing
das	**Datum** (**Daten**)	date
	dauern	to last
	davon	from it, of it
	dazu	with that
	dazugeben	to add
der	**Deckel**(**-**)	lid
	decken	to lay (table)
	dein/deine/dein	your
	denken	to think
	denn	for, because, then
das	**Deospray**(**-s**)	deodorant spray
	deprimiert	depressed
	der/die/das	the
	derselbe/dieselbe/dasselbe	the same
	deutlich	clearly
	Deutsch	German (language/subject)

■ = masculine noun   ■ = feminine noun   ■ = neuter noun   ■ = verb   ■ = adjective

Deutsch – dort drüben

auf	**Deutsch**	in German
der	**Deutsche(-n)**	German man
die	**Deutsche(-n)**	German woman
	Deutschland	Germany
der	**Deutschlehrer(-)**	German teacher (male)
die	**Deutschlehrerin(-nen)**	German teacher (female)
	deutschsprachig	German-speaking
	Dezember	December
der	**Dialog(-e)**	dialogue
die	**Diät(-en)**	diet
	dich	you, your
	dick	fat, thick
der	**Dieb(-e)**	thief (male)
die	**Diebin(-nen)**	thief (female)
	Dienstag	Tuesday
am	**Dienstag**	on Tuesday
am	**Dienstagmorgen**	on Tuesday morning
	dienstags	on Tuesdays
	dieser/diese/dieses	this, these
	diesmal	this time
das	**Ding(-e)**	thing
der	**Dinosaurier(-)**	dinosaur
	dir	(to) you
	direkt	direct
der	**Direktor(-en)**	director (male)
die	**Direktorin(-nen)**	director (female)
die	**Diskette(-n)**	floppy disk
das	**Diskettenlaufwerk(-e)**	disk drive
die	**Disko(-s)**	disco
die	**Diskothek(-en)**	discotheque
	diskutieren	to discuss
	doch	(*used for emphasis – confirming, positive*)
die	**Dokumentation(-en)**	documentary
der	**Dom(-e)**	cathedral
	Donnerstag	Thursday
am	**Donnerstag**	on Thursday
	donnerstags	on Thursdays
es	**donnert**	it's thundering
	doof	silly
das	**Doppelbett(-en)**	double bed
das	**Doppelzimmer(-)**	double room
das	**Dorf (Dörfer)**	village
	dort	there
	dort drüben	over there

■ = masculine noun   ■ = feminine noun   ■ = neuter noun   ■ = verb   ■ = adjective

dorthin – DVD-Sammlung(-en)

	dorthin	there
die	**Dose(-n)**	can, tin
das	**Drama (Dramen)**	drama
du bist	**dran**	it's your turn
	draußen	outside
der	**Drehverschluss**	screw-top lid
	drei	three
	dreißig	thirty
	dreizehn	thirteen
	drin	in it
	dritte	third
das	**Drittel(-)**	third
die	**Droge(-n)**	drug
die	**Drogerie(-n)**	chemist's
	drohen mit	to threaten with
die	**Drohung(-en)**	threat
	drüben	over there
der	**Druck (Drücke)**	pressure
	drucken	to print
	drücken	to press
der	**Drucker(-)**	printer
	du	you (*sing., informal*)
die	**Dummheit**	stupidity
	dunkel	dark
	dunkelhaarig	dark haired
die	**Dunkelkammer(-n)**	darkroom
	durch	through
	durcheinander	in a mess
der	**Durchfall**	diarrhoea
	durchschnittlich	on average
	dürfen	to be allowed to
der	**Durst**	thirst
	Durst haben	to be thirsty
die	**Dusche(-n)**	shower
sich	**duschen**	to take/have a shower
das	**Duschgel**	shower gel
die	**DVD(-s)**	DVD
die	**DVD-Sammlung(-en)**	DVD-collection

■ = masculine noun   ■ = feminine noun   ■ = neuter noun   ■ = verb   ■ = adjective

Ee

	ebenfalls	also
	echt	real, true
	echt	really, truly
die	**Ecke(-n)**	corner
um die	**Ecke**	round the corner
mir ist	**egal**	I don't mind
die	**Ehe(-n)**	marriage
der	**Ehemann(-männer)**	husband
das	**Ehepaar**	married couple
die	**Ehre(-n)**	honour
das	**Ehrenamt(-ämter)**	volunteer work
das	**Ei(-er)**	egg
das	**Eichhörnchen(-)**	squirrel
die	**Eierpappe(-n)**	egg box
	eifersüchtig	jealous
	eigener/eigene/eigenes	own
die	**Eigenschaft(-en)**	quality, characteristic
	eigentlich	actual
	eigentlich	actually
	ein/eine/ein	a/an
	einander	one another
	eindeutig	obvious
	einfach	simple, easy
die	**einfache Fahrt**	single journey
	einfacher	easier
die	**Einfahrt(-en)**	drive, entrance
das	**Einfamilienhaus(-häuser)**	detached house
	eingeliefert	posted
	eingeschlafen	fallen asleep
	einige	several
	einkaufen	to shop
	einkaufen gehen	to go shopping
der	**Einkaufsbummel(-)**	shopping trip
die	**Einkaufsliste(-n)**	shopping list
das	**Einkaufszentrum(-zentren)**	shopping centre
	einladen	to invite
die	**Einladung(-en)**	invitation
	einmal	once
	einmal pro Woche	once a week
	einpacken	to wrap
	eins	one
	einsam	lonely, isolated

■ = masculine noun ■ = feminine noun ■ = neuter noun ■ = verb ■ = adjective

einschlafen – Engländerin(-nen)

	einschlafen	to fall asleep
	eintönig	monotonous
der	Eintopf (Eintöpfe)	stew
	eintragen	to fill in
	eintreten	to enter (a room)
der	Eintritt	entrance
die	Eintrittskarte(-n)	entrance ticket
der	Eintrittspreis(-e)	entrance price
	einwerfen	to post in a post-box
der	Einwohner(-)	inhabitant (male)
die	Einwohnerin(-nen)	inhabitant (female)
die	Einzelheit(-en)	detail
das	Einzelkind(-er)	only child
das	Einzelzimmer(-)	single room
das	Eis	ice cream
die	Eisbahn(-en)	ice rink
das	Eiscafé(-s)	ice cream parlour
die	Eishalle(-n)	ice rink
das	Eishockey	ice hockey
der	Eiskaffee(-s)	iced coffee
	eislaufen gehen	to go ice skating
die	Eissorte(-n)	ice cream flavour
	ekelhaft	disgusting
die	elektrische Gitarre(-n)	electric guitar
die	Elektrizität	electricity
	elektronisch	electronic
	elf	eleven
der	Ellbogen(-)	elbow
die	Eltern (*pl.*)	parents
die	E-Mail(-s)	e-mail
die	Empfangsdame(-n)	female receptionist
die	Empfehlung(-en)	recommendation
	empfindlich	sensitive
	empfohlen	recommended
am	Ende	in the end, finally
das	Ende(-n)	end
	enden	to end
	endlich	at last, finally
die	Energie(-n)	energy
die	Energieverschwendung	waste of energy
	eng	narrow
	engagiert	committed
	England	England
der	Engländer(-)	English man
die	Engländerin(-nen)	English woman

■ = masculine noun   ■ = feminine noun   ■ = neuter noun   ■ = verb   ■ = adjective

	Englisch	English (language/subject)
auf	**Englisch**	in English
	entdecken	to discover
	entfernt	away
	entfernt	distant
die	**Entfernung(-en)**	distance
es	**enthält**	it contains
	entkoffeiniert	decaffeinated
	entlang	along
sich	**entscheiden**	to decide
sich	**entschuldigen**	to apologise
	Entschuldigung	excuse me
der	**Entschuldigungsbrief(-e)**	letter of apology
	entspannen	to relax
	entspannt	relaxed
	enttäuschen	to disappoint
	entweder…oder	either…or
	entwerfen	to design
	er	he
sich	**erbrechen**	to be sick
die	**Erbse(-n)**	pea
die	**Erdbeere(-n)**	strawberry
die	**Erde**	earth, soil
das	**Erdgeschoss**	ground floor
die	**Erdkunde**	geography
der	**Erdnuss(-nüsse)**	peanut
	erfinden	to invent, to make up
der	**Erfolg(-e)**	success
	erforderlich	necessary, required
	ergänzen	to complete, to fill in, to add to
das	**Ergebnis(-se)**	result
	erhältlich	available
die	**Erkältung(-en)**	cold
eine	**Erkältung haben**	to have a cold
	erklären	to explain
die	**Erklärung(-en)**	explanation
	erlauben	to allow
	erleben	to experience
das	**Erlebnis(-se)**	experience
die	**Ermäßigung(-en)**	reduction
der	**Ernährungsexperte(-n)**	nutrition expert (male)
die	**Ernährungsexpertin(-nen)**	nutrition expert (female)
	ernst	serious
	eröffnen	to open
	erraten	to guess

= masculine noun ■ = feminine noun ■ = neuter noun ■ = verb ■ = adjective

	erreichen	to reach
	errichtet	set up
	erscheinen	to appear
	erst	first, just
	erstaunlich	amazing
	erstaunt	surprised
	erster/erste/erstes	first
	ertrinken	to drown
der	Erwachsene(-n)	adult
	erzählen	to tell
	es	it
	es gibt	there is/there are
die	Essecke(-n)	eating area
	essen	to eat
das	Essen(-)	food, meal
zu Abend	essen	to have dinner
der	Esslöffel(-)	tablespoon (recipe)
der	Esssaal (Esssäle)	dining hall
das	Esszimmer(-)	dining room
	es tut mir Leid	I'm sorry
die	Etage(-n)	floor
das	Etagenbett(-en)	bunk bed
das	Etikett(-en)	label
das	Etui(-s)	pencil case
	etwa	about
	etwas	something
	euch	your
	euer/eure/eures	your
der	Euro(-)	euro (unit of currency)
	Europa	Europe
der	Europäer(-)	European man
die	Europäerin(-nen)	European woman
	europäisch	European
	evangelisch	protestant
das	Experiment(-e)	experiment
	explodieren	to explode
	extra	extra

■ = masculine noun   ■ = feminine noun   ■ = neuter noun   ■ = verb   ■ = adjective

Ff

	fabelhaft	fabulous
die	**Fabrik(-en)**	factory
das	**Fach (Fächer)**	subject
die	**Fahne(-n)**	flag
die	**Fähre(-n)**	ferry
	fahren	to go, to travel, to drive
der	**Fahrer(-)**	driver (male)
die	**Fahrerin(-nen)**	driver (female)
die	**Fahrkarte(-n)**	ticket
der	**Fahrplan(-pläne)**	timetable
das	**Fahrrad (Fahrräder)**	bicycle
mit dem	**Fahrrad**	by bike
der	**Fahrradverleih**	bicycle hire
der	**Fahrradweg(-e)**	cycle path
die	**Fahrt(-en)**	journey, trip
er/sie	**fährt**	he/she drives, travels
die	**Fahrzeit(-en)**	travelling time
das	**Fahrzeug(-e)**	vehicle
der	**Fall (Fälle)**	case
	fallen	to fall
	falsch	wrong, incorrect
die	**Familie(-n)**	family
die	**Familienkarte(-n)**	family ticket
das	**Familienmitglied(-er)**	family member
der	**Fan(-s)**	fan
	fangen	to catch
die	**Fantasie(-n)**	imagination
	fantasievoll	imaginative
	fantastisch	fantastic
die	**Farbe(-n)**	colour
welche	**Farbe hat es?**	what colour is it?
der	**Fasching**	carnival time
die	**Faschingsparty(-s)**	carnival party
der	**Faschingsumzug(-züge)**	carnival parade
	fast	almost
das	**Fastfood-Restaurant(-s)**	fast-food restaurant
der	**Fastnachtdienstag**	Shrove Tuesday
	faul	lazy
	faulenzen	to laze about
das	**Fax(-e)**	fax
	Februar	February
	fechten	to fence, to fight

■ = masculine noun ■ = feminine noun ■ = neuter noun ■ = verb ■ = adjective

Federball – Film(-e)

	Federball	badminton
die	**Federboa(-s)**	feather boa
	fehlen	to be missing
der	**Fehler(-)**	mistake, error
einen	**Fehler machen**	to make a mistake
was	**fehlt dir?**	what is wrong with you?
die	**Feier(-n)**	celebration
	feiern	to celebrate
der	**Feiertag(-e)**	public holiday
	fein	fine
der	**Feind(-e)**	enemy
der	**Feinschmecker(-)**	gourmet
das	**Feld(-er)**	field, pitch (sport)
das	**Fell(-e)**	coat, fur (of an animal)
der	**Fels(-en)**	rock
das	**Fenster(-)**	window
die	**Fensterscheibe(-n)**	window pane
die	**Ferien (*pl.*)**	holidays
das	**Ferienhaus(-häuser)**	holiday home
der	**Ferienjob(-s)**	holiday job
die	**Ferienwohnung(-en)**	holiday flat
ich **sehe**	**fern**	I watch television
die	**Fernbedienung(-en)**	remote control
	fernsehen	to watch television
das	**Fernsehen**	television
der	**Fernseher(-)**	television set
das	**Fernsehprogramm(-e)**	TV listings
die	**Fernsehserie(-n)**	soap
die	**Fernsteuerung(-en)**	remote control
	fertig	finished, ready
	fertig schreiben	to finish writing
	fest	firm, rigid
das	**Fest(-e)**	festival
die	**Festung(-en)**	fortress
	fett	fatty
	fettig	greasy
das	**Feuer(-)**	fire
die	**Feuerwehr(-en)**	fire brigade
die	**Feuerwehrfrau(-en)**	firefighter (female)
der	**Feuerwehrmann(-männer)**	firefighter (male)
die	**Feuerwehrstation(-en)**	fire station
das	**Feuerwerk(-e)**	firework display, fireworks
das	**Fieber**	fever
	Fieber haben	to have a fever
der	**Film(-e)**	film

■ = masculine noun   ■ = feminine noun   ■ = neuter noun   ■ = verb   ■ = adjective

der	**Filmnarr(-en)**	film fanatic
der	**Filzstift(-e)**	felt-tipped pen
	finden	to find
der	**Finger(-)**	finger
die	**Firma (Firmen)**	firm, company
der	**Fisch(-e)**	Pisces, fish
	fischen	to go fishing
der	**Fischer**	fisherman
das	**Fischfleisch**	fish (to eat)
der	**Fischmarkt(-märkte)**	fish market
	fit	fit
	flach	flat
	Flämisch	Flemish
die	**Flamme(-n)**	flame
die	**Flasche(-n)**	bottle
der	**Flaschenöffner(-)**	bottle opener
das	**Fleisch**	meat
	fleißig	hard working
	flexibel	flexible
die	**Fliege(-n)**	fly
	fliegen	to fly
der	**Flohmarkt(-märkte)**	flea market
die	**Flöte(-n)**	flute
der	**Flughafen(-häfen)**	airport
das	**Flugzeug(-e)**	aeroplane
der	**Flur(-e)**	hall
der	**Fluss (Flüsse)**	river
die	**Folge(-n)**	sequel, episode
	folgen	to follow
	folgend	following
das	**Fondue(-s)**	fondue
die	**Form(-en)**	shape
	formatieren	to format
die	**Forschungsarbeit(-en)**	research
das	**Forschungsinstitut(-e)**	research institute
der	**Fortschritt(-e)**	progress
das	**Foto(-s)**	photo
der	**Fotoapparat(-e)**	camera
der	**Fotograf(-en)**	photographer (male)
die	**Fotografin(-nen)**	photographer (female)
	fotografieren	to take photographs
	fotokopieren	to photocopy
die	**Frage(-n)**	question
der	**Fragebogen(-bögen)**	questionnaire
	fragen	to ask

■ = masculine noun ■ = feminine noun ■ = neuter noun ■ = verb ■ = adjective

Fragen stellen – Frucht (Früchte)

	Fragen stellen	to ask questions
	Frankreich	France
der	**Franzose(-n)**	French man
die	**Französin(-nen)**	French woman
	Französisch	French (language/subject)
auf	**Französisch**	in French
die	**Frau(-en)**	woman, Mrs/Ms
	Fräulein	Miss
	frech	cheeky, naughty
	frei	free
	freigegeben	passed, 'certificated'
der	**Freiplatz(-plätze)**	outdoor court
	Freitag	Friday
am	**Freitag**	on Friday
am	**Freitagabend**	on Friday evening
	freitags	on Fridays
die	**Freizeit**	free time
die	**Freizeitmöglichkeiten** (*pl.*)	leisure opportunities
der	**Freizeitpark(-s)**	theme/leisure park
das	**Freizeitzentrum(-zentren)**	leisure centre
	fremd	strange, foreign
die	**Fremdsprache(-n)**	foreign language
	fressen	to eat (animals only)
ich	**freue mich auf…**	I'm looking forward to…
sich	**freuen**	to be happy, to be pleased
sich	**freuen auf**	to look forward to
der	**Freund(-e)**	friend, boyfriend
	Freunde treffen	to meet up with friends
die	**Freundin(-nen)**	friend, girlfriend
	freundlich	friendly
die	**Freundschaft(-en)**	friendship
	friedlich	peaceful
	frieren	to freeze
	frisch	fresh
der	**Friseur(-e)**	hairdresser (male)
die	**Friseurin(-nen)**	hairdresser (female)
der	**Frisiersalon(-s)**	hairdresser's
er/sie/es	**frisst**	eats (animals only)
	froh	happy
	Frohe Ostern	Happy Easter
	Frohes neues Jahr	Happy New Year
	Frohe Weihnachten	Happy Christmas
der	**Frosch (Frösche)**	frog
	frostig	frosty
die	**Frucht (Früchte)**	fruit

■ = masculine noun ■ = feminine noun ■ = neuter noun ■ = verb ■ = adjective

Fruchteis – füttern

das	**Fruchteis**	fruit flavoured ice cream
der	**Fruchtsaft(-säfte)**	fruit juice
	früh	early
	früher	before, earlier
der	**Frühling**	spring
der	**Frühlingsbeginn**	beginning of spring
das	**Frühstück(-e)**	breakfast
	frühstücken	to have breakfast
	fühlen	to feel
	füllen	to fill
der	**Füller(-)**	fountain pen
das	**Fundbüro(-s)**	lost property office
	fünf	five
	fünfte	fifth
das	**Fünftel(-)**	fifth
	fünfzehn	fifteen
	fünfzig	fifty
der	**Fünfzigeuroschein(-e)**	fifty euro note
	funktionieren	to function
der	**Führerschein(-e)**	driving licence
die	**Führung(-en)**	guided tour
	für	for
	furchtbar	terrible
der	**Fuß (Füße)**	foot
zu	**Fuß**	on foot
der	**Fußball(-bälle)**	football
der	**Fußballfan(-s)**	football fan
die	**Fußballmannschaft(-en)**	football team
der	**Fußballplatz(-plätze)**	football pitch
die	**Fußballsaison(-s)**	football season
	Fußball spielen	to play football
das	**Fußballstadion(-stadien)**	football stadium
das	**Fußballturnier(-e)**	football match
die	**Fußgängerzone(-n)**	pedestrianised zone
	füttern	to feed (animals)

■ = masculine noun   ■ = feminine noun   ■ = neuter noun   ■ = verb   ■ = adjective

Gg

die	Gabel(-n)	fork
die	Gallerie(-n)	gallery
der	Gang (Gänge)	corridor
	ganz	quite, whole
	ganz rechts	on the far right
die	Garage(-n)	garage
	gar nicht	not at all
	gar nichts	nothing at all
	garnieren	to garnish
der	Garten (Gärten)	garden
der	Gärtner(-)	gardener (male)
die	Gärtnerin(-nen)	gardener (female)
die	Gasheizung(-en)	gas heating
der	Gasherd(-e)	gas cooker
die	Gasse(-n)	lane
der	Gast (Gäste)	guest
das	Gästezimmer(-)	guestroom
die	Gastfamilie(-n)	host family
die	Gastfreundschaft	hospitality
das	Gebäude(-)	building
	gebaut	built
	geben	to give
darüber	geben	to place, to scatter over
	geblieben	stayed
	geboren	born
ich bin in...	geboren	I was born in
	gebraucht	used, second-hand
	gebrochen	broken
	gebügelt	ironed
der	Geburtsort(-e)	birth place
der	Geburtstag(-e)	birthday
das	Geburtstagsgeschenk(-e)	birthday present
das	Gedächtnisspiel(-e)	memory game
das	Gedicht(-e)	poem
die	Geduld	patience
	geduldig	patient
Sehr	geehrte(/-r)	Dear (formal letter)
	geeignet	suitable
	gefährlich	dangerous
	gefallen	to appeal to
...	gefällt mir	I like...
das	Gefängnis(-se)	prison

■ = masculine noun   ■ = feminine noun   ■ = neuter noun   ■ = verb   ■ = adjective

gegen – geradeaus

	gegen	against
die	Gegend(-en)	area
der	Gegenstand(-stände)	object
im	Gegenteil	on the contrary
	gegenüber	opposite
das	Geheimnis(-se)	secret
	gehen	to go
einkaufen	gehen	to go shopping
das	Gehirn(-e)	brain
die	Gehminute(-n)	minute on foot
	gehören	to belong (to)
	gehört	heard, listened
wem	gehört…?	who does…belong to?
das	geht	that's alright
wie	geht's?	how are you?
	geh zurück!	go back!
die	Geige(-n)	violin
die	Geisterbahn(-en)	ghost train
gut	gelaunt	in a good mood
schlecht	gelaunt	in a bad mood
	gelb	yellow
das	Geld(-er)	money
der	Geldbeutel(-)	purse
die	Geldbörse(-n)	purse
die	Gelegenheit(-en)	opportunity
	gemacht	done
hat …	gemacht	did, has done
das	Gemälde(-)	painting
	gemein	mean
die	Gemeinschaft(-en)	community
das	Gemüse (*pl.*)	vegetables
der	Gemüseburger(-)	vegetable burger
der	Gemüseladen(-läden)	greengrocer's shop
die	Gemüsesuppe(-n)	vegetable soup
	gemustert	patterned
	gemütlich	comfortable
	genau	exact
	genau	exactly, agreed, OK
	genießen	to enjoy
	genug	enough
	geöffnet	open
das	Gepäck	luggage
	gepunktet	spotty
	gerade	straight
	geradeaus	straight ahead

■ = masculine noun   ■ = feminine noun   ■ = neuter noun   ■ = verb   ■ = adjective

gerecht – Gitarre spielen

	gerecht	fair, just
es hat	geregnet	it has rained
das	Gericht(-e)	meal
	gern	like, with pleasure, gladly
ich hätte	gern	I would like
ich lese	gern	I like reading
die	Gesamthochschule(-n)	comprehensive school
das	Geschäft(-e)	shop
die	Geschäftsfrau(-en)	businesswoman
der	Geschäftsmann(-männer)	businessman
die	Geschäftszeiten (*pl.*)	shop hours
das	Geschenk(-e)	present, gift
die	Geschichte(-n)	history, story
	geschieden	divorced
	geschieht dir recht	serves you right
der	Geschmack(-schmäcke)	taste
es hat	geschneit	it has snowed
die	Geschwindigkeit(-en)	speed
die	Geschwister (*pl.*)	brothers and sisters
die	Gesellschaft(-en)	society, company
das	Gesetz(-e)	law
das	Gesicht(-er)	face
	gespielt	played
	gestern	yesterday
	gestreift	striped
	gestresst	stressed
	gesund	healthy
die	Gesundheit	health
das	Getränk(-e)	drink
die	Getränkedose(-n)	drinks can
	gewinnen	to win
der	Gewinner(-)	winner (male)
die	Gewinnerin(-nen)	winner (female)
die	Gewinnzahl(-en)	winning number
das	Gewitter(-)	storm
ich bin	gewohnt	I'm used to…
	gib!	give!
es	gibt	there is/are
was	gibt's?	what's up?
	gierig	greedy
	gießen	to pour
	gilt	is valid
der	Gips(-e)	plaster
die	Gitarre(-n)	guitar
	Gitarre spielen	to play the guitar

■ = masculine noun ■ = feminine noun ■ = neuter noun ■ = verb ■ = adjective

Glas (Gläser) – Grund (Gründe)

das	**Glas (Gläser)**	glass, jar
der	**Glascontainer(-)**	bottle bank
	glatt	straight, smooth
	glauben	to think, to believe
	gleich	equal
	gleich	immediately
	gleichzeitig	at the same time
das	**Gleis(-e)**	platform
	glitzernd	glittery
das	**Glockenspiel(-e)**	chimes, glockenspiel
das	**Glück**	luck
viel	**Glück!**	Good luck!
	glücklich	happy
	glücklicherweise	fortunately, luckily
ein	**glückliches neues Jahr!**	Happy New Year!
herzlichen	**Glückwunsch**	congratulations
Herzlichen	**Glückwunsch zum Geburtstag!**	Happy Birthday!
	Golf	golf
der	**Gorilla(-s)**	gorilla
der	**Gottesdienst(-e)**	religious service
der	**Graben (Gräben)**	ditch
der	**Grad(-e)**	grade, degree
die	**Graffiti (*pl.*)**	graffiti
die	**Graffitimauer(-n)**	graffiti wall
der	**Grafiker(-)**	graphic designer (male)
die	**Grafierin(-nen)**	graphic designer (female)
das	**Gramm**	gram
die	**Grammatik**	grammar
das	**Gras (Gräser)**	grass
	grau	grey
	grausig	horrible
die	**Grenze(-n)**	border
	Griechenland	Greece
	griechisch	Greek
die	**Grippe**	flu
	groß	large, big
	Großbritannien	Great Britain
die	**Größe(-n)**	size
die	**Großeltern (*pl.*)**	grandparents
die	**Großmutter(-mütter)**	grandmother
die	**Großstadt(-städte)**	big town
der	**Großvater(-väter)**	grandfather
	grün	green
der	**Grund (Gründe)**	reason

■ = masculine noun   ■ = feminine noun   ■ = neuter noun   ■ = verb   ■ = adjective

Grundschule(-n) – Gymnasium (Gymnasien)

die	**Grundschule(-n)**	primary school
die	**Gruppe(-n)**	group, band
die	**Gruppenarbeit(-en)**	groupwork
	gruselig	scary
herzliche	**Grüße**	with best wishes
	grüßen	to greet
	gültig	valid
der	**Gummi(-s)**	rubber
das	**Gummibärchen(-)**	jelly baby
der	**Gummistiefel(-)**	wellington boot
die	**Gurke(-n)**	cucumber
der	**Gürtel(-)**	belt
	gut	good
	gutaussehend	handsome
alles	**Gute**	best wishes
	guten Abend	good evening
	gute Nacht	good night
	guten Appetit!	enjoy your meal!
	guten Morgen	good morning
	guten Tag	good day
	gut gelaunt	in a good mood
der	**Gutschein(-e)**	gift voucher
das	**Gymnasium (Gymnasien)**	grammar school

■ = masculine noun ■ = feminine noun ■ = neuter noun ■ = verb ■ = adjective

Hh

das	**Haar**(-**e**)	hair
die	**Haarbürste**(-**n**)	hairbrush
das	**Haarspray**(-**s**)	hair spray
	haben	to have
der	**Hafen** (**Häfen**)	harbour
das	**Hähnchen**(-)	chicken
	halb	half
der	**Halbbruder**(-**brüder**)	half-brother
es ist	**halb fünf**	it's half past four
die	**Halbpension**	half board
die	**Halbschwester**(-**n**)	half-sister
	halbstündlich	half-hourly
die	**Hälfte**(-**n**)	half
das	**Hallenbad**(-**bäder**)	indoor swimming pool
der	**Hallenplatz**(-**plätze**)	indoor court
	hallo	hello
der	**Hals** (**Hälse**)	neck
das	**Halsband**(-**bänder**)	collar, necklace
die	**Halsschmerzen** (*pl.*)	sore throat
die	**Halstablette**(-**n**)	throat lozenge
	halt!	stop!
	halten	to hold, to keep
sich fit	**halten**	to keep fit
	halten von	to think of
die	**Haltestelle**(-**n**)	stop (bus, train)
was	**hältst** du von...?	what do you think of...?
der	**Hamburger**(-)	hamburger
der	**Hamster**(-)	hamster
die	**Hand** (**Hände**)	hand
der	**Handball**(-**bälle**)	handball
das	**Handballspiel**(-**e**)	handball game
der	**Handschuh**(-**e**)	glove
die	**Handtasche**(-**n**)	handbag
das	**Handtuch**(-**tücher**)	hand towel
das	**Handy**(-**s**)	mobile phone
	hängen	to hang
	hänseln	to make fun of
	hassen	to hate
	hässlich	ugly
du	**hast**	you have (*sing.*)
er/sie/es	**hat**	he/she/it has
ich	**hätte** gern	I would like

■ = masculine noun ■ = feminine noun ■ = neuter noun ■ = verb ■ = adjective

Hauptbahnhof(-höfe) – Herr

der	**Hauptbahnhof(-höfe)**	main railway station
der	**Haupteingang (-eingänge)**	main entrance
das	**Hauptgericht(-e)**	main course
die	**Hauptperson(-en)**	main person
	hauptsächlich	mainly
die	**Hauptschule(-n)**	type of secondary school
die	**Hauptstadt(-städte)**	capital city
das	**Hauptwort(-wörter)**	noun
das	**Haus(Häuser)**	house
die	**Hausarbeit(-en)**	housework
der	**Hausarrest**	house arrest
ich habe	**Hausarrest**	I'm grounded
die	**Hausaufgabe(-n)**	homework
zu	**Hause**	at home
die	**Hausfrau(-en)**	housewife
der	**Haushalt(-e)**	household
der	**Hausmann(-männer)**	house husband
die	**Hausnummer(-n)**	house number
die	**Hausordnung**	house rules, school rules
das	**Haustier(-e)**	pet
die	**Haut**	skin
das	**Heft(-e)**	exercise book
der	**Heiligabend**	Christmas Eve
die	**Heimat**	home
das	**Heimwerken**	DIY
	heiraten	to marry
	heiß	hot
mir ist	**heiß**	I'm hot
ich	**heiße…**	my name is…
	heißen	to be called
wie	**heißt du?**	what's your name?
die	**Heizung**	heating
	hektisch	hectic
	helfen	to help
	hell	light
	hellblau	light blue
der	**Helm(-e)**	helmet
das	**Hemd(-en)**	shirt
	heraus	out of
	herausfinden	to find out
der	**Herbst**	autumn
der	**Herd(-e)**	cooker
	herein	come in
	Herr	Sir

■ = masculine noun   ■ = feminine noun   ■ = neuter noun   ■ = verb   ■ = adjective

Herr – hohe

der	Herr	man, Mr
	herrlich	magnificent
	hersehen	to look
	herunterladen	to download
das	Herz(-en)	heart
	Herzliche Grüße	Best regards
	Herzlichen Glückwunsch zum Geburtstag!	Happy Birthday!
	heulen	to cry
der	Heuschnupfen	hay fever
	heute	today
	heute Morgen	this morning
	heutzutage	nowadays
	hier	here
die	Hilfe	help
	hilfsbereit	helpful
die	Himbeere(-n)	raspberry
der	Himmel(-)	sky
das	Himmelbett(-betten)	four-poster bed
	hin	towards
	hinauf	up(wards)
	hingefallen	fallen down
	hinten	at the back
	hinter	behind
sich	hinsetzen	to sit down
die	Hin- und Rückfahrt	return journey
	hin und zurück	return (*ticket*)
	hinunter	down(wards)
der	Hinweis(-e)	tip, hint
	hinzufügen	to add
die	Hitparade	the charts
die	Hitze	heat
das	Hobby(-s)	hobby
	hoch	high
	hochachtungsvoll	yours faithfully
	Hochdeutsch	standard German
das	Hochhaus(-häuser)	high-rise building
	höchster/höchste/höchstes	highest
die	Hochzeit(-en)	wedding
	Hockey	hockey
	hoffen	to hope
	hoffentlich	hopefully
	höflich	polite
	hohe	high, tall

■ = masculine noun   ■ = feminine noun   ■ = neuter noun   ■ = verb   ■ = adjective

Höhe – Hypothese(-n)

die	**Höhe**	height
	holen	to fetch
	Holland	Holland
der	**Honig**	honey
	hören	to hear
das	**Horoskop(-e)**	horoscope
der	**Horrorfilm(-e)**	horror film
die	**Horrorgeschichte(-n)**	horror story
	hör zu!	listen!
die	**Hose(-n)**	trousers
das	**Hotel(-s)**	hotel
	hübsch	pretty
der	**Hügel**	hill
der	**Hund(-e)**	dog
	hundert	hundred
	Hunger haben	to be hungry
	hungrig	hungry
der	**Husten**	cough
der	**Hustensaft(-säfte)**	cough medicine
der	**Hut (Hüte)**	hat
der	**Hüttenkäse**	cottage cheese
die	**Hypothese(-n)**	hypothesis

■ = masculine noun   ■ = feminine noun   ■ = neuter noun   ■ = verb   ■ = adjective

Ii

	ich	I
	ideal	ideal
die	**Idee(-n)**	idea
	identifizieren	to identify
die	**Identität(-en)**	identity
der	**Idiot(-en)**	idiot (male)
die	**Idiotin(-nen)**	idiot (female)
der	**Igel(-)**	hedgehog
	igitt!	yuck!
	ihm	to him, to it
	ihn	him, it
	ihnen	to them
	ihr/ihre/ihr	her
die	**Illustrierte(-n)**	magazine
	im (in dem)	in
die	**Imbissstube(-n)**	snack bar
	imitieren	to copy
	immer	always
	im Osten	in the East
	impulsiv	impulsive, spontaneous
	im Urlaub	on holiday
	im Wohnzimmer	in the living room
	in	in
	Indien	India
die	**Industrie(-n)**	industry
die	**Informatik**	ICT
die	**Information(-en)**	information
das	**Informationsbüro(-s)**	information office
der	**Informationsdienst(-e)**	information service
	informieren	to inform
die	**Infoseite(-n)**	information page
	inklusiv	inclusive
der	**Inlandsverkehr**	inland post, domestic traffic
der	**Inlineskate(-s)**	rollerblade
	ins	into
das	**Insekt(-en)**	insect
die	**Insel(-n)**	island
	insgesamt	altogether
	ins Kino	to the cinema
die	**Inspektion(-en)**	inspection
das	**Instrument(-e)**	(musical) instrument
	intelligent	intelligent

= masculine noun = feminine noun = neuter noun = verb = adjective

interessant – italienisch

	interessant	interesting
das	**Interesse(-n)**	interest
sich	**interessieren für**	to be interested in
	interessiert	interested
das	**Internet**	Internet
im	**Internet surfen**	to surf the Internet
das	**Interview(-s)**	interview
ein	**Interview machen**	to conduct an interview
	inzwischen	in the meantime
	irgendwann	sometime
	irgendwie	somehow
	irgendwo	somewhere
	irisch	Irish
	Irland	Ireland
	irrsinnig	incredible
	irrsinnig	incredibly
er/sie/es	**ist**	he/she/it is
was	**ist?**	what is it?
	Italien	Italy
	italienisch	Italian

■ = masculine noun ■ = feminine noun ■ = neuter noun ■ = verb ■ = adjective

Jj

	ja	yes
die	**Jacke(-n)**	jacket
das	**Jahr(-e)**	year
das	**Jahrbuch(-bücher)**	yearbook
ich bin 13	**Jahre alt**	I am 13 years old
	jahrelang	for years
die	**Jahreszeit(-en)**	season
das	**Jahreszeugnis(-se)**	annual report
das	**Jahrhundert(-e)**	century
	Januar	January
	Japan	Japan
	japanisch	Japanese
die	**Jeans(-)**	jeans
die	**Jeansjacke(-n)**	denim jacket
der	**Jeansminirock(-röcke)**	denim mini-skirt
	jeder	everybody
	jeder/jede/jedes	every, each
	jemand	somebody
	jetzt	now
	jeweils	at a time
der	**Job(-s)**	job
die	**Jobanzeige(-n)**	job advert
	joggen	to jog
	joggen gehen	to go jogging
der	**Jogginganzug(-züge)**	tracksuit
der	**Joghurt(-s)**	yoghurt
das	**Joghurteis**	frozen yoghurt ice cream
der	**Johannisbeersaft(-säfte)**	blackcurrant juice
der	**Journalist(-en)**	journalist (male)
die	**Journalistin(-nen)**	journalist (female)
der	**Jude(-n)**	Jew (male)
die	**Jüdin(-nen)**	Jew (female)
	jüdisch	Jewish
das	**Judo**	judo
das	**Jugendhaus(-häuser)**	youth club
die	**Jugendherberge(-n)**	youth hostel
der	**Jugendklub(-s)**	youth club
die	**Jugendlichen (*pl.*)**	young people
das	**Jugendzentrum(-zentren)**	youth centre
die	**Jukebox**	jukebox
	Juli	July
	jung	young

■ = masculine noun   ■ = feminine noun   ■ = neuter noun   ■ = verb   ■ = adjective

Junge(-n) – Juni

der	**Junge(-n)**	boy
	jünger	younger
die	**Jungfrau(-en)**	Virgo, virgin
	Juni	June

Kabine(-n) – Kassettenrecorder(-)

Kk

die	**Kabine(-n)**	changing room
der	**Kaffee(-s)**	coffee
das	**Kajak(-s)**	canoe
der	**Kakao(-s)**	cocoa, hot chocolate
das	**Kalb (Kälber)**	calf
das	**Kalbfleisch**	veal
der	**Kalender(-)**	calendar
die	**Kalorie(-n)**	calorie
	kalt	cold
es ist	**kalt**	it is cold
mir ist	**kalt**	I'm cold
ich, er/sie	**kam**	I, he/she came
die	**Kamera(-s)**	camera
der	**Kamm (Kämme)**	comb
die	**Kampagne(-n)**	campaign
der	**Kampf (Kämpfe)**	battle
	kämpfen	to fight
der	**Kanal (Känale)**	channel
der	**Kanaltunnel**	the Channel Tunnel
das	**Kaninchen(-)**	rabbit
ich, er/sie	**kann**	I, he/she can
	kannst du…?	can you…?
die	**Kante(-n)**	edge
die	**Kantine(-n)**	canteen
das	**Kapitel(-)**	chapter
	kaputt	broken
die	**Karibik**	the Caribbean
	kariert	checked
der	**Karneval(-)**	carnival
die	**Karotte(-n)**	carrot
die	**Karriere(-n)**	career
	Karstadt	German department store
die	**Karte(-n)**	card, ticket
	Karten spielen	to play cards
die	**Kartoffel(-n)**	potato
der	**Kartoffelsalat(-e)**	potato salad
der	**Karton(-s)**	carton
der	**Käse**	cheese
das	**Käsebrot(-e)**	cheese sandwich
die	**Kasse(-n)**	till
die	**Kassette(-n)**	cassette, tape
der	**Kassettenrecorder(-)**	tape recorder

= masculine noun ■ = feminine noun ■ = neuter noun ■ = verb ■ = adjective   37

Kästchen(-) – Klage(-n)

das	**Kästchen(-)**	box
die	**Katastrophe(-n)**	catastrophe
der	**Katastrophentag(-e)**	catastrophic day
die	**Katze(-n)**	cat
	kauen	to chew
	kaufen	to buy
die	**Kauffrau(-en)**	business woman
das	**Kaufhaus(-häuser)**	department store
	Kaufhof	German department store
der	**Kaufmann(-männer)**	business man
der	**Kaugummi**	chewing gum
	kaum	hardly
	kegeln	to bowl
die	**Kegelbahn(-en)**	bowling alley
	kein/keine/kein	not any, none
der	**Keks(-e)**	biscuit
der	**Keller(-)**	cellar
der	**Kellner(-)**	waiter
die	**Kellnerin(-nen)**	waitress
	kennen	to know
	kennen lernen	to get to know
die	**Keramik**	pottery
der	**Keramikofen(-öfen)**	pottery kiln
das	**Ketschup**	ketchup
	Keyboard spielen	to play the keyboard
das	**Kilo(-s)**	kilo
das	**Kilogramm(-)**	kilogram
der	**Kilometer(-)**	kilometre
das	**Kind(-er)**	child
das	**Kinderheim(-e)**	children's home
die	**Kinderkrippe(-n)**	crèche, nursery
die	**Kindersendung(-en)**	children's programme
der	**Kinderspielplatz(-plätze)**	children's playground
der	**Kinderunfall(-unfälle)**	accident involving a child
das	**Kinderzimmer(-)**	child's room, nursery
	kindisch	childish
das	**Kino(-s)**	cinema
das	**Kinoprogramm(-e)**	cinema listing
der	**Kiosk(-e)**	kiosk
die	**Kirche(-n)**	church
die	**Kirsche(-n)**	cherry
das	**Kissen(-)**	pillow
der	**Kiwi(-s)**	kiwi (bird)
die	**Kiwi(-s)**	kiwi (fruit)
die	**Klage(-n)**	complaint

■ = masculine noun   ■ = feminine noun   ■ = neuter noun   ■ = verb   ■ = adjective

Klamotten (pl.) – Komma vier, 3,4

die	**Klamotten** (*pl.*)	clothes (*colloquial*)
	klar!	of course!
	klären	to resolve
die	**Klasse**(**-n**)	class
	klasse!	great, excellent!
die	**Klassenarbeit**(**-en**)	test
die	**Klassenfahrt**(**-en**)	class trip
das	**Klassenzimmer**(**-**)	classroom
	klassisch	classical
das	**Klavier**(**-e**)	piano
das	**Kleid**(**-er**)	dress
die	**Kleider** (*pl.*)	clothes
der	**Kleiderschrank**(**-schränke**)	wardrobe
die	**Kleidung**(**-en**)	clothing
das	**Kleidungsstück**(**-e**)	piece of clothing
	klein	small
die	**Kleinanzeige**(**-n**)	small advertisement
das	**Kleingebäck**	cakes, pastries
der	**Kletterkurs**(**-e**)	climbing course
	klettern	to climb
das	**Klettern**	rock climbing
der	**Kletterunfall**(**-unfälle**)	climbing accident
	klicken	to click on
das	**Klima**	climate
	klingeln	to ring
das	**Klo**(**-s**)	toilet
das	**Klopapier**	toilet paper
	klopfen	to knock
das	**Knäckebrot**(**-e**)	crispbread
das	**Knie**(**-**)	knee
der	**Knoblauch**	garlic
der	**Knöchel**(**-**)	ankle
der	**Knochen**(**-**)	bone
der	**Knödel**(**-**)	dumpling
der	**Koch** (**Köche**)	cook (male)
das	**Kochbuch**(**-bücher**)	cookery book
	kochen	to cook
die	**Köchin**(**-nen**)	cook (female)
der	**Kochkurs**(**-e**)	cookery course
der	**Koffer**(**-**)	suitcase
der	**Kohl**(**-e**)	cabbage
das	**Kohlenhydrat**(**-e**)	carbohydrate
	Köln	Cologne
	komisch	funny
drei	**Komma vier, 3,4**	three point four, 3.4

■ = masculine noun   ■ = feminine noun   ■ = neuter noun   ■ = verb   ■ = adjective

komme ich zu…? – krank werden

wie	**komme ich zu…?**	how do I get to…?
	kommen	to come
der	**Kommentar(-e)**	commentary
	kommentieren	to comment
die	**Kommode(-n)**	chest of drawers
die	**Komödie(-n)**	comedy
der	**Kompass(-e)**	compass
	kompliziert	complicated
der	**Komposthaufen(-)**	compost heap
	kompostieren	to compost
die	**Kondition(-en)**	fitness level
die	**Konditorei(-en)**	cake shop
der	**König(-e)**	king
die	**Königin(-nen)**	queen
	konkret	concrete, exact
	können	to be able to, can
ich, er/sie/es	**konnte**	I, he/she/it could
die	**Kontaktlinse(-n)**	contact lens
der	**Kontinent(-e)**	continent
das	**Konto (Konten)**	account
die	**Konversation(-en)**	conversation
das	**Konzert(-e)**	concert
der	**Kopf (Köpfe)**	head
die	**Kopfschmerzen (*pl.*)**	headache
die	**Kopie(-n)**	copy
	kopieren	to copy
der	**Korkenzieher(-)**	corkskrew
die	**Kornblume(-n)**	cornflower
der	**Körper(-)**	body
	korrigieren	to correct
die	**Kosmetik**	cosmetics, make-up
	kosten	to cost
	kostenlos	free
das	**Kostüm(-e)**	costume
das	**Kostümfest(-e)**	fancy dress party
der	**Krach (Kräche)**	noise, argument
	Krach machen	to be noisy
das	**Kraftwerk(-e)**	power station
	krank	ill
das	**Krankenhaus(-häuser)**	hospital
der	**Krankenpfleger(-)**	nurse (male)
die	**Krankenschwester(-n)**	nurse (female)
der	**Krankenwagen(-)**	ambulance
die	**Krankheit(-en)**	illness, disease
	krank werden	to get ill

■ = masculine noun   ■ = feminine noun   ■ = neuter noun   ■ = verb   ■ = adjective

	kraus	frizzy
die	Krawatte(-n)	tie
	kreativ	creative
der	Krebs(-e)	Cancer, cancer
	krebskrank	ill with cancer
die	Kreditkarte(-n)	credit card
der	Kreis(-e)	circle
der	Kreisverkehr	roundabout
die	Kreuzung(-en)	crossing
das	Kreuzworträtsel(-)	crossword
das	Kricket	cricket
der	Krieg(-e)	war
	kriegen	to get
der	Krimi(-s)	thriller, detective story
die	Krimiserie(-n)	detective series
die	Kritik(-en)	criticism
	Kritik üben	to criticise
die	Küche(-n)	kitchen
der	Kuchen(-)	cake
das	Küchlein(-)	small cake
die	Kuh (Kühe)	cow
der	Kühlschrank(-schränke)	fridge
der	Kuli(-s)	ballpoint pen, biro
die	Kulturinfo	cultural information
sich um etwas	kümmern	to look after something
der	Kunde(-n)	customer (male)
der	Kundendienst(-e)	customer service
die	Kundin(-nen)	customer (female)
die	Kunst	art
der	Kunststoff(-e)	synthetic material, plastics
der	Kurs(-e)	course, exchange rate
	kurz	short
der	Kuss (Küsse)	kiss
	küssen	to kiss
die	Küste(-n)	coast

= masculine noun   = feminine noun   = neuter noun   = verb   = adjective

Ll

das	**Labor(-s)**	laboratory
	lächeln	to smile
	lachen	to laugh
der	**Lachs**	salmon
der	**Laden (Läden)**	shop
die	**Lage(-n)**	situation
das	**Lamm (Lämmer)**	lamb
der	**Lammbraten**	roast lamb
die	**Lampe(-n)**	lamp
das	**Land (Länder)**	country
auf dem	**Land**	in the country
die	**Landkarte(-n)**	map
die	**Landschaft(-en)**	landscape
	lang	long
wie	**lang ist…?**	how long is…?
	länger	longer
der	**Langlaufunfall(-unfälle)**	cross-country skiing accident
	langsam	slow
	langsamer	slower
	langweilig	boring
der	**Lärm**	noise
	lassen	to leave
in Ruhe	**lassen**	to leave in peace
der	**Lastwagen(-)**	lorry
	laufen	to run
er/sie/es	**läuft**	he/she/it runs
die	**Laune**	mood
	launisch	moody
	laut	loud, noisy
	laut	aloud
das	**Leben(-)**	life
	lebendig	lively
die	**Lebensmittel (*pl.*)**	food, groceries
das	**Lebensmittelgeschäft(-e)**	grocer's shop
der	**Lebenspartner(-)**	live-in partner (male)
die	**Lebenspartnerin(-nen)**	live-in partner (female)
	lecker	tasty
aus	**Leder**	made from leather
das	**Leder**	leather
die	**Lederjacke(-n)**	leather jacket
	ledig	unmarried
	leer	empty

■ = masculine noun ■ = feminine noun ■ = neuter noun ■ = verb ■ = adjective

legen – lies...vor!

	legen	to lay, put
das	**Lehrbuch(-bücher)**	textbook
der	**Lehrer(-)**	teacher (male)
die	**Lehrerin(-nen)**	teacher (female)
das	**Lehrerzimmer(-)**	staffroom
	leicht	easy, light
	Leichtathletik	athletics
es tut mir	**Leid**	I'm sorry
	leider	unfortunately
	leihen	to lend, to borrow
	leise	quiet
	leiten	to guide, to lead
die	**Lektion(-en)**	lesson, unit
	lernen	to learn, to revise
das	**Lernziel(-e)**	objective
	lesen	to read
die	**Leseratte(-n)**	bookworm
	letzten Monat	last month
	letzter/letzter/letztes	last, final
	letzte Woche	last week
die	**Leute** (*pl.*)	people
das	**Licht(-er)**	light
	lieb	sweet
die	**Liebe**	love
	lieben	to love
	liebenswürdig	kind
	Lieber/Liebe	Dear (personal letter)
der	**Liebesfilm(-e)**	romantic film
	Lieblings-	favourite
das	**Lieblingsessen(-)**	favourite food
das	**Lieblingsfach(-fächer)**	favourite subject
das	**Lieblingshobby(-s)**	favourite hobby
die	**Lieblingssendung(-en)**	favourite programme
der	**Lieblingsstar(-s)**	favourite star
das	**Lieblingstier(-e)**	favourite animal
am	**liebsten**	most of all
ich sehe am	**liebsten...**	I love watching…
	Liechtenstein	Liechtenstein
das	**Lied(-er)**	song
die	**Lieferung(-en)**	delivery
der	**Lieferwagen(-)**	van
der	**Liefverkehr**	delivery vehicles
	liegen	to lie
	lies!	read
	lies...vor!	read out!

■ = masculine noun   ■ = feminine noun   ■ = neuter noun   ■ = verb   ■ = adjective

Lift(-e) – Luxuswohnung(-en)

der	**Lift**(-e)	lift
die	**Liga** (**Ligen**)	league (sport)
	lila	purple
die	**Limonade**(-n)	lemonade
das	**Lineal**(-e)	ruler
die	**Linie**(-n)	route, line
auf der	**linken Seite**	on the left-hand side
	links	on the left
die	**Lippe**(-n)	lip
die	**Liste**(-n)	list
der	**Liter**(-)	litre
die	**Literatur**	literature
der	**LKW-Fahrer**(-)	lorry driver (male)
die	**LKW-Fahrerin**(-nen)	lorry driver (female)
das	**Loch** (**Löcher**)	hole
	locker	cool, laid back, loose
	lockig	curly
der	**Löffel**(-)	spoon
das	**Logo**(-)	logo
es	**lohnt sich**	it's worth it
	lokal	local
die	**Lokalnachrichten**	local news
	los	off you go
was ist	**los?**	what's up?
	löschen	to put out (fire), to delete
das	**Löschfahrzeug**(-e)	fire engine
	lösen	to set off
	losgehen	to start
die	**Lösung**(-en)	solution
die	**Lotion**(-en)	lotion
die	**Lotterie**	lottery
das	**Lotto**	lottery
der	**Löwe**(-n)	Leo, lion
die	**Lücke**(-n)	gap
die	**Luft**	air
der	**Luftballon**(-s)	balloon
die	**Luftmatratze**(-n)	air mattress
die	**Lust**	inclination, mood
ich habe keine	**Lust**	I don't feel like it
	lustig	funny
	Luxemburg	Luxembourg
der	**Luxus**	luxury
die	**Luxuswohnung**(-en)	luxury appartment

■ = masculine noun   ■ = feminine noun   ■ = neuter noun   ■ = verb   ■ = adjective

Mm

	machen	to make, to do
einen Fehler	**machen**	to make a mistake
sich über jemanden lustig	**machen**	to make fun of somebody
	mächtig	mighty
das	**macht nichts**	it doesn't matter
das	**Mädchen**(-)	girl
ich	**mag**	I like
das	**Magazin**(-e)	magazine
der	**Magen** (**Mägen**)	stomach
die	**Magenschmerzen** (*pl.*)	stomach ache
die	**Magie**	magic
der	**Magnet**(-e)	magnet
die	**Mahlzeit**(-en)	meal
	Mahlzeit!	enjoy your meal!
	Mai	May
der	**Mais**	sweetcorn
die	**Majonäse**(-n)	mayonnaise
das	**Make-up**	make-up
	mal	then (used for emphasis)
das	**Mal**(-e)	time
	malen	to paint
	man	one, you
der	**Manager**(-)	manager (male)
die	**Managerin**(-nen)	manager (female)
	manchmal	sometimes
der	**Mann** (**Männer**)	man
die	**Männerwelt**	man's world
	männlich	male, masculine
die	**Mannschaft**(-en)	team
der	**Mantel** (**Mäntel**)	coat
die	**Mappe**(-n)	school bag, briefcase, folder
die	**Mark**(-)	mark (former German currency)
	markieren	to mark
der	**Markt** (**Märkte**)	market
der	**Marktplatz**(-**plätze**)	market place
der	**Marktstand**(-**stände**)	market stall
die	**Marmelade**(-n)	jam
	März	March
das	**Maskottchen**(-)	mascot
	Mathe	maths
die	**Maus** (**Mäuse**)	mouse

■ = masculine noun   ■ = feminine noun   ■ = neuter noun   ■ = verb   ■ = adjective

Mechaniker(-) – Million(-en)

der	**Mechaniker(-)**	mechanic (male)
die	**Mechanikerin(-nen)**	mechanic (female)
die	**Medaille(-n)**	medal
die	**Medien (*pl.*)**	media
das	**Medikament(-e)**	medicine
die	**Medizin**	medicine
am	**Meer**	at the seaside
das	**Meer(-e)**	ocean, sea
die	**Meeresfrüchte (*pl.*)**	seafood
das	**Meerschweinchen(-)**	guinea pig
das	**Mehl(-e)**	flour
	mehr	more
nie	**mehr**	never again
die	**Mehrfahrtenkarte(-n)**	multiple-journey ticket
	mehrmals	several times
die	**Mehrwegflasche(-n)**	returnable bottle
die	**Meile(-n)**	mile
	mein/meine/mein	my
	meinen	to think
die	**Meinung(-en)**	opinion
ich bin auch der	**Meinung**	I agree
meiner	**Meinung nach**	in my opinion
	meistens	usually, mainly
die	**Menge(-n)**	quantity, crowd
der	**Mensch(-en)**	human being
	merken	to notice
die	**Messe(-n)**	mass, religious service
	messen	to measure
das	**Messer(-)**	knife
das	**Metall**	metal
der	**Meter(-)**	metre
die	**Metzgerei(-en)**	butcher's (shop)
	mich	me, myself
die	**Miete(-n)**	rent
	mieten	to rent
das	**Mietgesuch(-)**	wanted to rent
die	**Mietwohnung(-en)**	rented flat
der	**Mikrowellenherd(-e)**	microwave
die	**Milch**	milk
die	**Milchflasche(-n)**	milk bottle
der	**Milchkarton(-s)**	milk carton
der	**Milchreis**	rice pudding
	mild	mild, bland
die	**Milliarde(-n)**	billion
die	**Million(-en)**	million

■ = masculine noun ■ = feminine noun ■ = neuter noun ■ = verb ■ = adjective

46

mindestens – Mode(-n)

	mindestens	at least
der	**Mineralstoff(-e)**	mineral
das	**Mineralwasser**	mineral water
	Minigolf	minigolf
der	**Minigolfplatz(-plätze)**	minigolf course
der	**Minirock(-röcke)**	mini skirt
die	**Minute(-n)**	minute
	mir	to me
	mir ist egal	I don't mind
	mir ist schlecht	I'm feeling ill
es tut	**mir Leid**	I'm sorry
	mischen	to mix, to shuffle
der	**Mist**	dung
so ein	**Mist!**	what a pain!
das	**Mistwetter(-)**	terrible weather
	mit	with
kommst du	**mit?**	would you like to come?
der	**Mitarbeiter(-)**	colleague
die	**Mitarbeiterin(-nen)**	colleague
	mitbringen	to bring along, to take along
	mitfahren	to travel together
das	**Mitglied(-er)**	member
	mitkommen	to come along
	mitmachen	to join in
	mitnehmen	to take along
	mitspielen	to play together
der	**Mittag(-e)**	midday
zu	**Mittag essen**	to have lunch
das	**Mittagessen(-)**	lunch, midday meal
	mittags	at lunchtime
die	**Mitte**	middle
der	**Mittelfeldspieler(-)**	midfield player
	mittelgroß	average height
	mittellang	average length
das	**Mittelmeer**	Mediterranean Sea
die	**Mitternacht**	midnight
um	**Mitternacht**	at midnight
	Mittwoch	Wednesday
am	**Mittwoch**	on Wednesday
	mittwochs	on Wednesdays
der	**Mixer(-)**	mixer
die	**Möbel (pl.)**	furniture
	möbliert	furnished
ich	**möchte**	I would like
die	**Mode(-n)**	fashion

■ = masculine noun   ■ = feminine noun   ■ = neuter noun   ■ = verb   ■ = adjective

47

Modell(-e) – Musik hören

das	**Modell(-e)**	model
die	**Modenschau(-en)**	fashion show
	modern	modern
	modisch	fashionable
das	**Mofa(-s)**	moped
	mögen	to like
	möglich	possible
die	**Möglichkeit(-en)**	possibility
	möglichst schnell	as fast as possible
die	**Möhre(-n)**	carrot
das	**Mokkaeis**	coffee ice cream
der	**Moment(-e)**	moment
	Moment mal!	just a minute!
der	**Monat(-e)**	month
der	**Mond(-e)**	moon
	Montag	Monday
am	**Montag**	on Monday
	montags	on Mondays
der	**Mord(-e)**	murder
der	**Mörder(-)**	murderer (male)
die	**Mörderin(-nen)**	murderer (female)
	morgen	tomorrow
der	**Morgen(-)**	morning
	morgens	in the morning
die	**Moschee(-n)**	mosque
der	**Moslem(-s)**	Muslim (male)
die	**Moslime(-n)**	Muslim (female)
der	**Motor(-en)**	engine
das	**Motorrad(-räder)**	motorbike
die	**Mücke(-n)**	mosquito
	müde	tired
die	**Mühe(-n)**	effort, trouble
der	**Müll**	rubbish
die	**Mülltonne(-n)**	dustbin
	München	Munich
der	**Mund (Münder)**	mouth
	mündlich	orally
die	**Münze(-n)**	coin
das	**Museum (Museen)**	museum
das	**Musical(-s)**	musical
die	**Musik**	music
der	**Musiker(-)**	musician (male)
die	**Musikerin(-nen)**	musician (female)
das	**Musikgeschäft (-e)**	music shop
	Musik hören	to listen to music

■ = masculine noun ■ = feminine noun ■ = neuter noun ■ = verb ■ = adjective

das	**Musikinstrument(-e)**	musical instrument
die	**Musiksendung(-en)**	music programme
	musikalisch	musical
	muskulös	muscular
das	**Müsli(-s)**	muesli
ich, er/sie/es	**muss**	I, he/she/it must
	müssen	to have to, must
ich, er/sie/es	**musste**	I, he/she/it had to
die	**Mutter (Mütter)**	mother
	Mutti	mum
die	**Mütze(-n)**	hat, cap

Nn

	na	well
	nach	after
der	**Nachbar(-n)**	neighbour (male)
die	**Nachbarin(-nen)**	neighbour (female)
	nach Hause	(going to) home
die	**Nachhilfe(-n)**	private tuition
der	**Nachmittag(-e)**	afternoon
	nachmittags	in the afternoon
die	**Nachricht(-en)**	report, message
die	**Nachrichten (pl.)**	the news (TV/radio)
	nachschauen	to look up
die	**Nachspeise**	pudding
	nächster/nächste/nächstes	next
als	**nächstes**	next
die	**Nacht (Nächte)**	night
gute	**Nacht**	good night
der	**Nachtisch(-e)**	dessert
das	**Nachtlicht(-er)**	night light
	nachts	in the night
der	**Nachttisch(-e)**	bedside table
der	**Nagel (Nägel)**	nail
die	**Nagelfeile(-n)**	nail file
das	**Nähen**	sewing
in der	**Nähe von**	near
der	**Nährwert**	nutritional value
	na klar!	sure!, of course!
der	**Name(-n)**	name
mein	**Name ist…**	my name is…
die	**Nase(-n)**	nose
	nass	wet
die	**Nationalität(-en)**	nationality
das	**Nationaltheater(-)**	national theatre
die	**Natur**	nature
die	**Naturfarbe(-n)**	natural colour
	natürlich	natural
	natürlich	naturally
der	**Naturpark(-s)**	nature park
die	**Naturwissenschaften (pl.)**	science
	nebelig	foggy
	neben	next to
	nebenbei	at the same time
der	**Nebenjob(-s)**	part-time job

■ = masculine noun   ■ = feminine noun   ■ = neuter noun   ■ = verb   ■ = adjective

	neblig	foggy
	negativ	negative
	nehmen	to take
	nein	no
	nennen	to name
der	**Nerv(-en)**	nerve
	nervig	annoying
	nervös	nervous
	nervtötend	nerve-racking
	nett	nice, friendly
das	**Netz**	network
	neu	new
das	**Neujahr**	New Year
	neulich	recently
	neun	nine
	neunte	ninth
	neunzehn	nineteen
	neunzig	ninety
	Neuseeland	New Zealand
	nicht	not
der	**Nichtraucher(-)**	non-smoker (male)
die	**Nichtraucherin(-nen)**	non-smoker (female)
	nichts	nothing
das macht	**nichts**	that doesn't matter
	nicht wahr?	isn't that right?
	nie	never
die	**Niederlande**	Netherlands
	niederländisch	Dutch
	niedrig	low
	niemand	nobody
	nimm…mit	take…with you
	noch	still
	noch eine(-r, -s)	another
weder	**…noch**	neither…nor
	noch einmal	once again
sonst	**noch etwas?**	anything else?
	nochmal	again
	Nord-	north
	Nordamerika	North America
	Norddeutschland	North Germany
im	**Norden**	North
	Nordirland	Northern Ireland
der	**Nordpol**	North Pole
	Nordwestengland	North-West England
	normal	normal

■ = masculine noun ■ = feminine noun ■ = neuter noun ■ = verb ■ = adjective

normalerweise – nützlich

	normalerweise	normally
der	**Notfall (Notfälle)**	emergency
die	**Note(-n)**	mark, grade, note (music)
die	**Notenstufe(-n)**	level
	notieren	to note down
	nötig	necessary
die	**Notiz(-en)**	note
	Notizen machen	to make notes
	November	November
die	**Nudeln (*pl.*)**	pasta
der	**Nudelsalat(-e)**	pasta salad
	null	zero
die	**Nummer(-n)**	number
	nur	only
die	**Nuss (Nüsse)**	nut
	nützlich	useful

■ = masculine noun   ■ = feminine noun   ■ = neuter noun   ■ = verb   ■ = adjective

Oo

	obdachlos	homeless
	oben	above, on top
das	**Obst** (*sing.*)	fruit
der	**Obstsaft**(**-säfte**)	fruit juice
	obwohl	although
	oder	or
entweder	**…oder**	either…or
der	**Ofen** (**Öfen**)	oven
	offen	open
	offiziell	official
	öffnen	to open
die	**Öffnungszeiten** (*pl.*)	opening hours
	oft	often
	ohne	without
das	**Ohr**(**-en**)	ear
die	**Ohrenschmerzen** (*pl.*)	earache
der	**Ohrring**(**-e**)	earring
	Oktober	October
das	**Öl**	oil
die	**Olive**(**-n**)	olive
das	**Olivenöl**	olive oil
das	**Olympiagelände**	Olympic site
das	**Olympiastadium**(**-stadien**)	Olympic stadium
der	**Olympiaturm**(**-türme**)	Olympic tower
die	**Oma**(**-s**)	grandma
das	**Omelette**(**-s**)	omelette
der	**Onkel**(**-**)	uncle
der	**Opa**(**-s**)	grandpa
die	**Oper**(**-n**)	opera
	optimistisch	optimistic
	orange	orange (colour)
die	**Orange**(**-n**)	orange (fruit)
die	**Orangenmarmelade**(**-n**)	marmalade
der	**Orangensaft**(**-säfte**)	orange juice
das	**Orchester**(**-**)	orchestra
	ordentlich	tidy
	ordnen	to order, to arrange
die	**Ordnung**(**-en**)	order
in	**Ordnung**	OK
	organisieren	to organise
der	**Ort**(**-e**)	place, village
	Ost-	East

■ = masculine noun   ■ = feminine noun   ■ = neuter noun   ■ = verb   ■ = adjective

im	**Osten**	in the East
das	**Osterei(-er)**	Easter egg
die	**Osterferien** (*pl.*)	Easter holidays
das	**Osterfeuer(-)**	Easter bonfire
die	**Osterglocke(-n)**	daffodil
der	**Osterhase(-n)**	Easter bunny
	Ostern	Easter
	Österreich	Austria
die	**Ostsee**	Baltic Sea
die	**Ozonschicht**	ozone layer

Pp

das	**Paar**(-e)	pair
	packen	to pack
die	**Packung**(-en)	packet
das	**Paket**(-e)	parcel
die	**Pantomime**(-n)	pantomime
das	**Papier**(-e)	paper
der	**Papiercontainer**(-)	paper bank
der	**Papierkorb**(-körbe)	waste-paper basket
die	**Pappe**(-n)	cardboard
die	**Paprika**(-)	green/red pepper
der	**Papst** (**Päpste**)	Pope
der	**Park**(-s)	park
	parken	to park
das	**Parkhaus**(-häuser)	multi-storey car park
der	**Parkplatz**(-plätze)	car park
das	**Parlament**(-e)	parliament
das	**Partizip**(-ien)	participle
der	**Partner**(-)	partner (male)
die	**Partnerarbeit**(-en)	pairwork
die	**Partnerin**(-nen)	partner (female)
die	**Partnerschule**(-n)	exchange school
die	**Party**(-s)	party
der	**Partykeller**(-)	party cellar
die	**Partykleidung**	party clothes
die	**Partystimmung**	party atmosphere
die	**Partyszene**(-n)	party scene
der	**Passagier**(-e)	passenger
	Passah	Passover
	pass auf!	watch out!
	passen	to fit, to match
	passend	matching
	passieren	to happen
das	**Passwort**(-wörter)	password
die	**Pause**(-n)	break-time
das	**Pech**	bad luck
	peinlich	embarassing
die	**Pension**(-en)	guest house
die	**Person**(-en)	person
	persönlich	personal
	persönlich	personally
die	**Perücke**(-n)	wig
das	**Pestizid**(-e)	pesticide

= masculine noun ■ = feminine noun ■ = neuter noun ■ = verb ■ = adjective

Pfand (Pfänder) – Popkonzert(-e)

das	**Pfand (Pfänder)**	deposit
die	**Pfandflasche(-n)**	returnable bottle
das	**Pfännchen(-)**	little pan
der	**Pfannkuchen(-)**	pancake
der	**Pfeffer**	pepper (spice)
der	**Pfefferkuchen(-)**	gingerbread
der	**Pfennig(-e)**	pfennig (former German currency)
das	**Pferd(-e)**	horse
der	**Pfiff**	style, flair
der	**Pfirsich(-e)**	peach
die	**Pflanze(-n)**	plant
	pflanzen	to plant
	pflanzlich	plant, vegetable
das	**Pflaster(-)**	plaster
die	**Pflaume(-n)**	plum
	pflücken	to pick
das	**Pfund(-e)**	pound
die	**Physik**	physics
das	**Picknick(-e)**	picnic
der	**Pilz(-e)**	mushroom
die	**Pizza(-s/Pizzen)**	pizza
das	**Plakat(-e)**	poster, placard
der	**Plan (Pläne)**	plan
	planen	to plan
der	**Planet(-en)**	planet
die	**Planung(-en)**	planning
aus	**Plastik**	made from plastic
die	**Plastiktüte(-n)**	plastic bag
die	**Platte(-n)**	disk, record
	plaudern	to chat
	plötzlich	suddenly
der	**Po(-s)**	bottom
die	**Poesie**	poetry
der	**Pokal(-e)**	trophy
	Polen	Poland
die	**Politik**	politics
die	**Polizei**	police
die	**Polizeiwache(-n)**	police station
der	**Polizist(-en)**	policeman
die	**Polizistin(-nen)**	policewoman
	polnisch	Polish
die	**Pommes frites (*pl.*)**	chips, fries
die	**Popband(-s)**	pop group
die	**Popgruppe(-n)**	pop group
das	**Popkonzert(-e)**	pop concert

■ = masculine noun   ■ = feminine noun   ■ = neuter noun   ■ = verb   ■ = adjective

Popmusik – Pumpernickel

die	**Popmusik**	pop music
	populär	popular
	Portugal	Portugal
die	**Position**(-en)	position
	positiv	positive
die	**Post**	post office
das	**Poster**(-)	poster
die	**Postkarte**(-n)	postcard
	praktisch	practical
die	**Präsentation**(-en)	presentation
der	**Präsident**(-en)	president (male)
die	**Präsidentin**(-nen)	president (female)
die	**Praxis** (**Praxen**)	surgery
der	**Preis**(-e)	price, prize
	preiswert	good value
die	**Presse**(-n)	press
	prima	excellent, brilliant
	privat	private
	pro	per
die	**Probe**(-n)	test
das	**Problem**(-e)	problem
die	**Problemseite**(-n)	problem page
das	**Produkt**(-e)	product
die	**Produktion**(-en)	production
der	**Produzent**(-en)	producer (male)
die	**Produzentin**(-nen)	producer (female)
	produzieren	to produce
	produziert	produced
das	**Programm**(-e)	television channel, programme
der	**Programmdirektor**(-en)	director of programmes (male)
die	**Programmdirektorin**(-nen)	director of programmes (female)
	programmieren	to programme
der	**Programmierer**(-)	computer programmer (male)
die	**Programmiererin**(-nen)	computer programmer (female)
der	**Prospekt**(-e)	brochure, leaflet
einmal	**pro Tag**	once a day
das	**Prozent**(-e)	per cent
der	**Prozentsatz**(-sätze)	percentage
die	**Prozentzahl**(-en)	percentage figure
die	**Prüfung**(-en)	exam
die	**Prüfungsangst**(-ängste)	exam nerves
das	**Publikum**	audience
der	**Pulli**(-s)	jumper
der	**Pullover**(-)	jumper
der	**Pumpernickel**	pumpernickel (dark rye bread)

= masculine noun ■ = feminine noun ■ = neuter noun ■ = verb ■ = adjective

Punkrocker(-) – Pyjama(-s)

	der **Punkrocker(-)**	punk rocker (male)
	die **Punkrockerin(-nen)**	punk rocker (female)
	der **Punkt(-e)**	point
	pünktlich	punctual
	der **Punsch(-e)**	punch
	putzen	to clean
sich die **Zähne**	**putzen**	to brush one's teeth
	der **Pyjama(-s)**	(pair of) pyjamas

■ = masculine noun   ■ = feminine noun   ■ = neuter noun   ■ = verb   ■ = adjective

Qq

das	**Quadrat**(-e)	square
die	**Qualifikation**(-en)	qualification
	quatschen	to chat
die	**Quelle**(-n)	source
das	**Quiz**(-)	quiz
die	**Quizsendung**(-en)	quiz programme

Rr

das	**Rad (Räder)**	bicycle, wheel
	radeln	to cycle
	Radfahren	cycling
	Rad fahren	to cycle
der	**Radfahrer(-)**	cyclist (male)
die	**Radfahrerin(-nen)**	cyclist (female)
der	**Radiergummi(-s)**	rubber, eraser
das	**Radio(-s)**	radio
der	**Radiosender(-)**	radio station
die	**Radiosendung(-en)**	radio programme
der	**Radiospot(-s)**	radio commercial
die	**Radiowerbung(-en)**	radio advertisement
die	**Radlerhose(-n)**	cycling shorts
der	**Radler-Stadtplan(-pläne)**	town map for cyclists
die	**Radtour(-en)**	bike ride
der	**Radunfall(-unfälle)**	cycling accident
der	**Radweg(-e)**	cycle lane
die	**Rangfolge(-n)**	order of precedence
den	**Rasen mähen**	to mow the lawn
	rasieren	to shave
der	**Rassismus**	racism
der	**Rat**	tip, advice
	raten	to guess, to advise
das	**Ratespiel(-e)**	guessing game, quiz
das	**Rathaus(-häuser)**	town hall
der	**Ratschlag(-schläge)**	tip, advice
das	**Rätsel(-)**	puzzle, mystery
die	**Ratte(-n)**	rat
der	**Rauch**	smoke
der	**Raum (Räume)**	space, room
die	**Raumstation(-en)**	space station
der	**Raumtransporter(-)**	space shuttle
	rauchen	to smoke
	raus	out
	rausgehen	to go out(side)
	rausnehmen	to take out
	realistisch	realistic
die	**Realschule(-n)**	type of secondary school
	rechnen	to calculate
der	**Rechner(-)**	calculator
die	**Rechnung(-en)**	bill
du hast	**Recht**	you are right

■ = masculine noun   ■ = feminine noun   ■ = neuter noun   ■ = verb   ■ = adjective

Recht haben – reiten

	Recht haben	to be right
	rechts	right
	rechtzeitig	in time
das	**Reck(-s)**	bar (sport)
	recyceln	to recycle
	recycelt	recycled
das	**Recycling**	recycling
der	**Recyclingcontainer(-)**	recycling bank
das	**Recyclingpapier**	recycled paper
die	**Redaktion(-en)**	editing, editorial staff
die	**Rede(-n)**	speech
	reden	to speak
der	**Referendar(-e)**	trainee teacher (male)
die	**Referendarin(-nen)**	trainee teacher (female)
das	**Regal(-e)**	shelf
die	**Regel(-n)**	rule
	regelmäßig	regular
	regelmäßig	regularly
der	**Regen**	rain
die	**Regenjacke(-n)**	cagoule, waterproof jacket
der	**Regenmantel(-mäntel)**	raincoat
der	**Regenschirm(-e)**	umbrella
der	**Regisseur(-e)**	(film) director (male)
die	**Regisseurin(-nen)**	(film) director (female)
	regnen	to rain
es	**regnet**	it is raining
	reiben	to grate, to rub
	reich	rich
	reichen	to be enough
das	**reicht**	that's enough
der	**Reifen(-)**	tyre
ich bin an der	**Reihe**	it's my turn
die	**Reihenfolge(-n)**	order
das	**Reihenhaus(-häuser)**	terraced house
	rein	clean
der	**Reis**	rice
die	**Reise(-n)**	trip
gute	**Reise!**	have a good trip!
der	**Reisebus(-se)**	coach
der	**Reisepass(-pässe)**	passport
der	**Reisevorschlag (-vorschläge)**	travel recommendation
die	**Reisewettervorhersage(-n)**	travel weather forecast
das	**Reiseziel(-e)**	destination
	reiten	to ride (horses)

● = masculine noun ● = feminine noun ● = neuter noun ● = verb ● = adjective

Reiten gehen – rot

die	**Reiten gehen**	to go horse riding
die	**Religion(-en)**	religion
die	**Religionslehre**	religious studies
	rennen	to run
das	**Rennen(-)**	race
	renoviert	renovated
die	**Renovierung(-en)**	renovation
	renovierungsbedürftig	in need of renovation
der	**Rentner(-)**	OAP (male)
die	**Rentnerin(-nen)**	OAP (female)
	repariert	repaired
der	**Reporter(-)**	male reporter
die	**Reporterin(-nen)**	female reporter
	reservieren	to reserve
die	**Reservierung(-en)**	booking, reservation
die	**Residenz(-en)**	royal palace
	respektieren	to respect
der	**Rest(-e)**	remains, leftovers
das	**Restaurant(-s)**	restaurant
das	**Resultat(-e)**	result
	retten	to save
das	**Rezept(-e)**	recipe
das	**Rezeptbuch(-bücher)**	recipe book
die	**Rezeption(-en)**	reception
der	**Rhein**	Rhine
	richtig	right, correct
die	**Richtung(-en)**	direction
	riechen	to smell
	riesig	huge
das	**Rindfleisch**	beef
der	**Ring(-e)**	ring
das	**Risiko (Risiken)**	risk
der	**Rock (Röcke)**	skirt
die	**Rockgruppe(-n)**	rock group
die	**Rolle(-n)**	role, part
	Rollschuh fahren	to go roller skating
das	**Rollschuhlaufen**	roller skating
der	**Rollstuhl(-stühle)**	wheelchair
die	**Rolltreppe(-n)**	escalator
der	**Roman(-e)**	novel
	romantisch	romantic
die	**Röntgenstrahlen** (*pl.*)	X-ray
	rosa	pink
der	**Rosenmontag**	the day before Shrove Tuesday
	rot	red

■ = masculine noun ■ = feminine noun ■ = neuter noun ■ = verb ■ = adjective

	rotblond	strawberry blonde
	rothaarig	red-haired, ginger
die	**Route(-n)**	route
die	**Routine**	routine
der	**Rücken(-)**	back
die	**Rückenschmerzen (*pl.*)**	backache
der	**Rucksack(-säcke)**	rucksack
das	**Ruderboot(-e)**	rowing boat
	rudern	to row
	rufen	to call
	Rugby	rugby
die	**Ruhe**	silence, quiet
in	**Ruhe lassen**	to leave in peace
	ruhen	to rest
	ruhig	quiet, calm
	rühren	to stir
	ruiniert	ruined
	rumgehen	to go around
	rund	round
	Russland	Russia

= masculine noun   = feminine noun   = neuter noun   = verb   = adjective

Ss

der	**Saal (Säle)**	hall
das	**Sachbuch(-bücher)**	non-fiction book
die	**Sache(-n)**	thing
der	**Saft (Säfte)**	juice
	sagen	to say
die	**Sahne** (*sing.*)	cream (food)
die	**Salami(-s)**	salami
der	**Salat(-e)**	salad, lettuce
die	**Salbe(-n)**	cream (lotion)
das	**Salz**	salt
	salzig	salty
	sammeln	to collect
die	**Sammlung(-en)**	collection
	Samstag	Saturday
am	**Samstag**	on Saturday
am	**Samstagnachmittag**	on Saturday afternoon
	samstags	on Saturdays
der	**Samstagsjob(-s)**	Saturday job
der	**Sand**	sand
	sanft	peaceful, mild
der	**Sänger(-)**	singer (male)
die	**Sängerin(-nen)**	singer (female)
die	**Sardine(-n)**	sardine
	satt	full (after a large meal)
der	**Satz (Sätze)**	sentence
	sauber	clean
	sauer	sour
das	**Sauerkraut**	cooked, pickled cabbage
der	**Sauerstoff(-e)**	oxygen
die	**Sauna(-s)**	sauna
das	**Schach**	chess
das	**Schachspiel(-e)**	chess game
die	**Schachtel(-n)**	box
	schade	what a shame
das	**Schaf(-e)**	sheep
der	**Schal(-s)**	scarf
	scharf	hot, spicy
das	**Schaschlick(-s)**	kebab
der	**Schatz (Schätze)**	treasure
die	**Schatzsuche(-n)**	treasure hunt
	schau!	look!
	schauen	to look

■ = masculine noun   ■ = feminine noun   ■ = neuter noun   ■ = verb   ■ = adjective

Schaufenster(-) – Schlüsselkind(-er)

das	Schaufenster(-)	shop window
das	Schaukelpferd(-e)	rocking horse
der	Schauspieler(-)	actor
die	Schauspielerin(-nen)	actress
das	Schauspielhaus(-häuser)	theatre
der	Schauspielunterricht	drama lesson(s)
das	Scheckbuch(-bücher)	cheque book
die	Scheibe(-n)	slice
der	Schein(-e)	note
	scheinen	to seem, to appear, to shine
	schenken	to give as a present
die	Schere(-n)	pair of scissors
	schicken	to send
	schieben	to push
	schief	crooked
	schießen	to shoot
das	Schiff(-e)	ship
das	Schild(-er)	sign
die	Schildkröte(-n)	tortoise
der	Schilling	schilling (former Austrian currency)
der	Schinken(-)	ham
der	Schirm(-e)	umbrella
	schlafen	to sleep
der	Schlafsack(-säcke)	sleeping bag
das	Schlafzimmer(-)	bedroom
	schlagen	to hit
das	Schlagzeug	drums
die	Schlange(-n)	snake
	schlank	slim, thin
	schlecht	bad
mir ist	schlecht	I'm feeling ill
die	schlechte Laune	bad mood
	schlecht sein	to feel ill, to be bad
	schließen	to shut
	schließlich	finally
	schlimm	bad
der/die/das	Schlimmste	the worst
der	Schlips(-e)	tie
die	Schlittschuhe (*pl.*)	ice skates
	Schlittschuh fahren	to go ice skating
das	Schloss (Schlösser)	castle, lock
zum	Schluss	at the end
der	Schlüssel(-)	key
der	Schlüsselanhänger(-)	key ring
das	Schlüsselkind(-er)	latchkey child

= masculine noun   = feminine noun   = neuter noun   = verb   = adjective

65

Schlüsselwort(-wörter) – Schularbeit(-en)

das	**Schlüsselwort(-wörter)**	keyword
	schmecken	to taste
das	schmeckt mir	this tastes good, I like that (food)
der	**Schmerz(-en)**	pain
der	**Schmetterling(-e)**	butterfly
der	**Schmuck**	piece of jewellery
der	**Schmuggler(-)**	smuggler (male)
	schmutzig	dirty
die	**Schnecke(-n)**	snail
das	**Schneeglöckchen(-)**	snow drop
(das)	**Schneewittchen**	Snow White
	schneiden	to cut
	schneien	to snow
es	schneit	it is snowing
	schnell	fast, quickly
	schneller als	quicker than, more quickly than
das	**Schnitzel(-)**	schnitzel
der	**Schnupfen**	cold
der	**Schnurrbart(-bärte)**	moustache
der	**Schock(-s)**	shock
die	**Schokolade(-n)**	chocolate
das	**Schokoladeneis**	chocolate ice cream
der	**Schokoladenkuchen(-)**	chocolate cake
die	**Schokomilch**	chocolate milk
	schön	beautiful, nice, lovely
	schon	already
	schöne Ferien!	have a nice holiday!
ist	schon gut	it's alright
der	**Schotte(-n)**	Scotsman
die	**Schottin(-nen)**	Scotswoman
	Schottland	Scotland
der	**Schrank (Schränke)**	cupboard
	schrecklich	terrible
	schrecklich	terribly
	schreiben	to write
der	**Schreibtisch(-e)**	desk
die	**Schreibwaren (*pl.*)**	stationery
der	**Schreibwarenladen (-läden)**	stationery shop
	schreien	to shout
	schriftlich	in writing, written
die	**Schublade(-n)**	drawer
	schüchtern	shy
der	**Schuh(-e)**	shoe
die	**Schularbeit(-en)**	school work

■ = masculine noun ■ = feminine noun ■ = neuter noun ■ = verb ■ = adjective

die	Schulart(-en)	type of school
das	Schulbuch(-bücher)	school book
der	Schuldirektor(-en)	headmaster
die	Schuldirektorin(-nen)	headmistress
die	Schule(-n)	school
zur	Schule gehen	to go to school
der	Schüler(-)	pupil (male)
die	Schülerin(-nen)	pupil (female)
die	Schülerkarte(-n)	student card
das	Schulfach(-fächer)	school subject
der	Schulhof(-höfe)	school yard
die	Schulsachen (*pl.*)	school things
die	Schulstunde(-n)	lesson
der	Schultag(-e)	school day
die	Schulter(-n)	shoulder
die	Schuluniform(-en)	school uniform
der	Schulweg(-e)	way to school
der	Schuss (Schüsse)	shot
die	Schüssel(-n)	bowl
der	Schütze	Sagittarius, hunter, archer
	schützen	to protect
der	Schwanz (Schwänze)	tail
	schwänzen	to skive
	schwarz	black
der	Schwarzwald	Black Forest
der	Schwebebalken(-)	beam
das	Schwein(-e)	pig
das	Schweinefleisch	pork
das	Schweinekotelett(-s)	pork chop
die	Schweiz	Switzerland
	schweizerisch	Swiss
	schwer	hard, difficult, heavy
die	Schwester(-n)	sister
	schwierig	difficult
die	Schwierigkeitsstufe(-n)	level of difficulty
das	Schwimmbad(-bäder)	swimming pool
	schwimmen	to swim
	schwimmen gehen	to go swimming
die	Schwimmhalle(-n)	indoor swimming pool
	schwindeln	to swindle
	schwindlig	dizzy
	schwitzen	to sweat
	sechs	six
	sechste	sixth
	sechzehn	sixteen

■ = masculine noun ■ = feminine noun ■ = neuter noun ■ = verb ■ = adjective

sechzig – sich

	sechzig	sixty
an der	**See**	by the sea
der	**See(-n)**	lake
die	**See(-)**	sea
	seekrank	seasick
der	**Seesturm(-stürme)**	storm
das	**Segelboot(-e)**	sailing boat
der	**Segelkurs(-e)**	sailing course
das	**Segeln**	sailing
	segeln	to sail
	sehen	to see
	sehenswert	worth seeing
die	**Sehenswürdigkeiten (*pl.*)**	sights, attractions
	sehr	very
die	**Seife(-n)**	soap
die	**Seifenoper(-n)**	soap opera
das	**Seifenwasser**	soapy water
das	**Seil(-e)**	rope
	sein	to be
	sein/seine/sein	his
	seit	since
auf der linken	**Seite**	on the left-hand side
die	**Seite(-n)**	page, side
der	**Sekretär(-e)**	secretary (male)
das	**Sekretariat(-e)**	school office
die	**Sekretärin(-nen)**	secretary (female)
die	**Sekunde(-n)**	second
	selber	oneself, yourself
	selbstsüchtig	selfish
das	**Selbstvertrauen**	self-confidence
	selten	rare
	selten	seldom, rarely
der	**Sender(-)**	TV channel
die	**Sendung(-en)**	programme
der	**Senf**	mustard
	sensationell	sensational
	September	September
die	**Serie(-n)**	series
	Servus	hello (Austrian)
der	**Sessel(-)**	seat, armchair
	setzen	to set/put down
sich	**setzen**	to sit down
das	**Shampoo(-s)**	shampoo
die	**Shorts**	(pair of) shorts
	sich	himself, herself, themselves

■ = masculine noun ■ = feminine noun ■ = neuter noun ■ = verb ■ = adjective

sicher – Sommer

	sicher	sure, certain
	sicher	surely, certainly
die	**Sicherheitsnadel(-n)**	safety pin
	sie	she/they
	Sie	you (*sing., polite*)
	sieben	seven
	siebte	seventh
	siebzehn	seventeen
	siebzig	seventy
der	**Sieger(-)**	winner (male)
die	**Siegerin(-nen)**	winner (female)
	sieh…an!	look at…!
	silber	silver
der	**Silvester**	New Year's Eve
der	**Silvesterabend**	New Year's Eve (evening)
die	**Silvesterparty(-s)**	New Year's Eve party
wir	**sind**	we are
	singen	to sing
	sitzen	to sit
	sitzen bleiben	to be kept back a year at school
der	**Skandal(-e)**	scandal
das	**Skateboard(-s)**	skateboard
die	**Skateboardbahn(-en)**	skateboard park
	Skateboard fahren	to go skateboarding
das	**Skelett(-e)**	skeleton
	Ski fahren	to go skiing
der	**Skikurs(-e)**	skiing course
das	**Skilaufen**	skiing
die	**Skipiste(-n)**	ski run
	Skorpion	Scorpio, scorpion
	so	in this way, so, like this
die	**Socke(-n)**	sock
das	**Sofa(-s)**	sofa, settee
	sofort	immediately
die	**Software**	software
	sogar	even
der	**Sohn (Söhne)**	son
das	**Solarium (Solarien)**	solarium
	solcher/solche/ solches	such
der	**Soldat(-en)**	soldier (male)
die	**Soldatin(-nen)**	soldier (female)
	sollen	to be supposed to
ich, er/sie	**sollte**	I, he/she ought to
der	**Sommer**	summer

= masculine noun ■ = feminine noun ■ = neuter noun ■ = verb ■ = adjective

Sommer – spazieren gehen

im	**Sommer**	in the summer
die	**Sommerferien**	summer holidays
das	**Sonderangebot**(**-e**)	special offer
der	**Sonnabend**(**-e**)	Saturday (North German word)
die	**Sonne**	sun
	sonnenbaden	to sunbathe
der	**Sonnenbrand**	sunburn
die	**Sonnenbrille**(**-n**)	(pair of) sunglasses
die	**Sonnencreme**(**-s**)	suntan lotion
der	**Sonnenhut**(**-hüte**)	sun hat
die	**Sonnenschutzcreme**(**-s**)	sun block
	sonnig	sunny
	Sonntag	Sunday
am	**Sonntag**	on Sunday
	sonntags	on Sundays
	sonst	else
	sonst noch etwas?	anything else?
	sonstiger/sonstige/ sonstiges	other
die	**Sorge**(**-n**)	worry, concern
	sorgfältig	careful
die	**Sorte**(**-n**)	sort
das	**Souvenir**(**-s**)	souvenir
	sowieso	anyway
	sozial	social
die	**Sozialkunde** (*pl.*)	social studies
die	**Spaghetti**	spaghetti
	Spanien	Spain
der	**Spanier**(**-**)	Spaniard man
die	**Spanierin**(**-nen**)	Spaniard woman
	spanisch	Spanish (language/subject)
auf	**Spanisch**	in Spanish
	spannend	exciting
	sparen	to save
die	**Sparkasse**(**-n**)	bank, money box
das	**Sparkonto**(**-konten**)	savings account
das macht mir	**Spaß**	that's fun, I like that
der	**Spaß**	fun
viel	**Spaß!**	have fun!
	Spaß haben	to have fun
	Spaß machen	to be fun
	spät	late
	später	later
wie	**spät ist es?**	what's the time?
	spazieren gehen	to go for a walk

■ = masculine noun   ■ = feminine noun   ■ = neuter noun   ■ = verb   ■ = adjective

Spaziergang(-gänge) – Sprache(-n)

der	Spaziergang(-gänge)	walk
die	Speisekarte(-n)	menu
der	Speiseplan(-pläne)	menu
der	Speiserest(-e)	left over food
der	Sperrmüll	bulky refuse (for special collection)
die	Spezialität(-en)	speciality
der	Spiegel(-)	mirror
das	Spiegelei(-er)	fried egg
das	Spiel(-e)	game, match
	spielen	to play
Klavier	spielen	to play the piano
Tennis	spielen	to play tennis
der	Spieler(-)	player (male)
die	Spielerin(-nen)	player (female)
der	Spielfilm(-e)	feature film
die	Spielhalle(-n)	amusement arcade
die	Spielmarke(-n)	counter (in a game)
der	Spielplatz(-plätze)	playground
die	Spielshow(-s)	game show
der	Spieltag(-e)	match day
die	Spielwaren	toys
der	Spielzeugzug(-züge)	toy train
der	Spinat	spinach
die	Spinne(-n)	spider
du	spinnst wohl	you must be joking
	spitz	pointed
	spitze	great
die	Spitze(-n)	summit, peak
der	Spitzer(-)	pencil sharpener
	Sport	sport, PE
die	Sportart(-en)	type of sport
die	Sportartikel (*pl.*)	sports goods
der	Sportfan(-s)	sports fan
die	Sporthalle(-n)	sports hall
die	Sportkleidung	sports clothes
	sportlich	sporty, athletic
die	Sportnachrichten (*pl.*)	sports news
das	Sportprofil(-e)	sporting profile
die	Sportschuhe (*pl.*)	trainers
die	Sportsendung(-en)	sports programme
	Sport treiben	to do sport
die	Sportveranstaltung(-en)	sporting event
der	Sportverein(-e)	sports club
das	Sportzentrum(-zentren)	sports centre
die	Sprache(-n)	language

= masculine noun ■ = feminine noun ■ = neuter noun ■ = verb ■ = adjective

Sprechblase(-n) – Stiefvater(-väter)

die	**Sprechblase(-n)**	speech bubble
	sprechen	to talk, to speak
die	**Sprechstunde(-n)**	surgery hours
die	**Spritze(-n)**	injection
das	**Spülbecken(-)**	sink
	Squash	squash
	staatlich	state, state-owned
das	**Stadion (Stadien)**	stadium
die	**Stadt (Städte)**	town, city
die	**Stadtmitte**	town centre
der	**Stadtrand(-ränder)**	outskirts, suburbs
die	**Stadtrundfahrt(-en)**	sightseeing tour
der	**Stadtrundgang(-gänge)**	walk around town
die	**Stadttour(-en)**	tour of the town
das	**Stadtzentrum(-zentren)**	town centre
der	**Stahl**	steel
der	**Stammbaum(-bäume)**	family tree
der	**Star(-s)**	television/film star
der	**Start(-s)**	start
	starten	to take off (plane)
die	**Statistik(-en)**	statistic
	stattfinden	to take place
der	**Stau(-s)**	traffic jam
	staubsaugen	to vacuum
der	**Staubsauger**	vacuum cleaner
das	**Steak(-s)**	steak
	stechen	to sting
der	**Steckbrief(-e)**	description of personal details
	stehen	to stand
	stehlen	to steal
der	**Stein(-e)**	stone
der	**Steinbock**	Capricorn
die	**Stelle(-n)**	job, place
	stellen	to put
die	**Stereoanlage(-n)**	hi-fi system
das	**Stereotyp(-en)**	stereotype
der	**Stern(-e)**	star
das	**Sternzeichen(-)**	star sign
das	**Stichwort(-wörter)**	key word, clue
der	**Sticker(-)**	sticker
der	**Stiefbruder(-brüder)**	stepbrother
der	**Stiefel(-)**	boot
die	**Stiefmutter(-mütter)**	stepmother
die	**Stiefschwester(-n)**	stepsister
der	**Stiefvater(-väter)**	stepfather

■ = masculine noun ■ = feminine noun ■ = neuter noun ■ = verb ■ = adjective

Stier – Südafrika

der	**Stier**	Taurus, bull
der	**Stift(-e)**	pen
	still	quiet
die	**Stimme(-n)**	voice
	stimmen	to be right/correct
(das)	**stimmt**	(that's) correct, agreed, OK
	stinklangweilig	deadly dull
es	**stinkt**	it smells
der	**Stock (Stöcke)**	floor, storey, stick
aus	**Stoff**	made from fabric
das	**Stofftier(-e)**	cuddly toy
	stören	to disturb
der	**Strand (Strände)**	beach
das	**Strandbad(-bäder)**	bathing beach
die	**Straße(-n)**	street
die	**Straßenbahn(-en)**	tram
das	**Straßenfest(-e)**	street party
das	**Streckennetz(-e)**	rail network
das	**Streichholz(-hölzer)**	match
der	**Streifen(-)**	stripe
der	**Streik(-s)**	strike
der	**Streit(-e)**	argument
sich	**streiten**	to argue
	streng	strict
der	**Stress**	stress
	stricken	to knit
die	**Strumpfhose(-n)**	tights
das	**Stück(-e)**	piece
der	**Student(-en)**	student (male)
die	**Studentenermäßigung(-en)**	student reduction
die	**Studentin(-nen)**	student (female)
	studieren	to study
das	**Studio(-s)**	studio
die	**Stufe(-n)**	step
der	**Stuhl (Stühle)**	chair
die	**Stunde(-n)**	lesson
der	**Stundenplan(-pläne)**	timetable
der	**Stürmer(-)**	striker (football)
das	**Substantiv(-e)**	noun
die	**Suche**	search
	suchen	to look for
die	**Suchmaschine(-n)**	search engine
	süchtig	addicted
	Süd-	South
	Südafrika	South Africa

■ = masculine noun   ■ = feminine noun   ■ = neuter noun   ■ = verb   ■ = adjective

Südamerika – Szene

	Südamerika	South America
	Süddeutschland	South Germany
im	**Süden**	in the South
die	**Südsee**	the South Seas
	super	super, great
der	**Supermarkt**(**-märkte**)	supermarket
die	**Suppe**(**-n**)	soup
	surfen	to surf
das	**Surfen**	surfing
	surfen im Internet	to surf the Internet
	suspekt	suspicious
	süß	sweet
die	**Süßigkeit**(**-en**)	sweet
das	**Sweatshirt**(**-s**)	sweatshirt
das	**Symbol**(**-e**)	symbol
	sympatisch	nice
das	**System**(**-e**)	system
die	**Szene**	scene

■ = masculine noun ■ = feminine noun ■ = neuter noun ■ = verb ■ = adjective

Tt

die	**Tabakwaren** (*pl.*)	tobacco goods
die	**Tabelle**(-n)	table, chart
die	**Tablette**(-n)	pill
die	**Tafel**(-n)	black/white board, bar (of chocolate)
der	**Tag**(-e)	day
guten	**Tag**	hello
jeden	**Tag**	every day
das	**Tagebuch**(-bücher)	diary
der	**Tagesablauf**	daily routine
der	**Tagesausflug**(-flüge)	day trip
die	**Tagesschau**	news (German news programme)
die	**Tagessuppe**(-n)	soup of the day
die	**Tageszeitung**(-en)	daily newspaper
	täglich	daily
die	**Taille**(-n)	waist
der	**Takt**	tact
die	**Talfahrkarte**(-n)	ticket for chair lift (downwards)
die	**Talkshow**(-s)	chat show
die	**Tankstelle**(-n)	petrol station
die	**Tante**(-n)	aunt
	tanzen	to dance
die	**Tanzschule**(-n)	dance school
die	**Tanzstunde**(-n)	dance lesson
die	**Tasche**(-n)	bag, pocket
das	**Taschengeld**	pocket money
die	**Taschenlampe**(-n)	torch
der	**Taschenrechner**(-)	calculator
das	**Taschentuch**(-tücher)	handkerchief
die	**Tasse**(-n)	cup
die	**Tastatur**(-en)	keyboard
	tatsächlich	in fact
	taub	deaf
	tauchen	to dive
das	**Tauchen**	diving
der	**Taucher**(-)	diver (male)
die	**Taucherin**(-nen)	diver (female)
	tauschen	to swap
	tausend	thousand
das	**Taxi**(-s)	taxi
der	**Taxifahrer**(-)	taxi driver
die	**Taxifahrerin**(-nen)	taxi driver
die	**Technik**	design, technology

■ = masculine noun   ■ = feminine noun   ■ = neuter noun   ■ = verb   ■ = adjective

Technologie – Tierfreundin(-nen)

die	Technologie	technology
der	Teddybär(-en)	teddy bear
der	Tee(-s)	tea
das	Teehaus(-häuser)	tea house
der	Teig(-e)	dough, pizza base
der	Teil(-e)	part
	teilen	to share, to divide
	teilgenommen	took part
der	Teilzeitjob(-s)	part-time job
das	Telefon(-e)	telephone
	telefonisch	by telephone
der	Telefonanrufbeantworter(-)	answering machine
das	Telefonbuch(-bücher)	phone book
die	Telefonkarte(-n)	telephone card
die	Telefonnummer(-n)	telephone number
die	Telefonzelle(-n)	phone box
der	Teller(-)	plate
der	Tempel(-)	temple
die	Temperatur(-en)	temperature
der	Tenniskurs(-e)	tennis course
der	Tennisplatz(-plätze)	tennis court
der	Tennisschläger(-)	tennis racket
	Tennis spielen	to play tennis
der	Teppich(-e)	carpet
der	Termin(-e)	appointment
der	Terminkalender(-)	appointments calendar
der	Test(-e)	test
	teuer	expensive
der	Text(-e)	text
das	Textlernen	learning a part
die	Textnachricht(-en)	text message
die	Textverarbeitung	word-processing
das	Theater(-)	theatre, drama
die	Theatergruppe(-n)	drama group
der	Theaterkurs(-e)	drama course
die	Theatinerkirche	church in Munich
das	Thema (Themen)	theme
	theoretisch	theoretically
das	Thermometer(-)	thermometer
der	Thunfisch(-e)	tuna fish
das	Tier(-e)	animal
der	Tierarzt(-ärzte)	vet (male)
die	Tierärztin(-nen)	vet (female)
der	Tierfreund(-e)	animal-lover (male)
die	Tierfreundin(-nen)	animal-lover (female)

■ = masculine noun ■ = feminine noun ■ = neuter noun ■ = verb ■ = adjective

Tipp(-s) – Treibmittel(-)

der	Tipp(-s)	tip
der	Tisch(-e)	table
den	Tisch abräumen	to clear the table
	Tischtennis	table tennis
der	Tischtennismeister(-)	table tennis champion (male)
die	Tischtennismeisterin(-nen)	table tennis champion (female)
der	Titel(-)	title
das	Toastbrot	toast
die	Tochter (Töchter)	daughter
	todlangweilig	deadly boring
die	Toilette(-n)	toilet
	toll	great
die	Tomate(-n)	tomato
die	Tomatensoße(-n)	tomato sauce
der	Ton (Töne)	tone, note
das	Tonbandgerät(-e)	tape recorder
das	Tor(-e)	goal (sport), goal
ein	Tor schießen	to score a goal
die	Torte(-n)	gateau
der	Torwart(-e)	goalkeeper
	tot	dead
	total	total
	total	totally
	töten	to kill
die	Tour(-en)	tour
der	Tourismus	tourism
der	Tourist(-en)	tourist (male)
die	Touristin(-nen)	tourist (female)
	tragbar	portable
	tragen	to wear, to carry
der	Trainer(-)	coach
	trainieren	to train
der	Trainingsanzug(-züge)	tracksuit
das	Trampolin(-e)	trampoline
die	Traube(-n)	grape
der	Traubensaft(-säfte)	grape juice
	Traum-	dream/ideal…
der	Traum (Träume)	dream
	träumen	to dream
das	Traumhaus	dream house
	traurig	sad
	treffen	to meet
der	Treffpunkt(-e)	meeting place
Sport	treiben	to do sport
das	Treibmittel(-)	propellant

■ = masculine noun   ■ = feminine noun   ■ = neuter noun   ■ = verb   ■ = adjective

trennbar – typisch

	trennbar	separable
	trennen	to separate
die	**Treppe(-n)**	staircase
	treten	to step
der	**Trickfilm(-e)**	cartoon
das	**Trikot(-s)**	jersey, top
das	**Trimester(-)**	term
	trinken	to drink
die	**Trinkflasche(-n)**	drinks bottle
	trocken	dry
die	**Trompete(-n)**	trumpet
der	**Tropfen(-)**	drop
	trotzdem	nevertheless
der	**Truthahn(-hähne)**	turkey
	tschüs	bye
das	**T-Shirt(-s)**	T-shirt
die	**Tube(-n)**	tube
	tun	to do
die	**Tür(-en)**	door
die	**Türkei**	Turkey
	türkisch	Turkish
der	**Turm (Türme)**	tower
	turnen	to do gymnastics/PE
die	**Turnhalle(-n)**	sports hall, gym
das	**Turnier(-e)**	tournament
die	**Turnschuhe (*pl.*)**	trainers
der	**Turnverein(-e)**	sports club
die	**Tüte(-n)**	bag, packet
das	**TV**	television
	typisch	typical

■ = masculine noun   ■ = feminine noun   ■ = neuter noun   ■ = verb   ■ = adjective

Uu

die	**U-Bahn(-en)**	underground train
	übel	bad, sick
	üben	to practise
	über	over, across, more than
	überall	everywhere
	überhaupt nicht	not at all
	überlebt	survived
	überlegen	to think about
	übermorgen	the day after tomorrow
	übernachten	to stay overnight
	Übernachtung mit Frühstück	bed and breakfast
	überprüfen	to check
	überqueren	to cross over
die	**Überraschung(-en)**	surprise
	übersetzen	to translate
die	**Übung(-en)**	exercise
das	**UFO(-s)**	UFO
die	**Uhr(-en)**	clock
es ist vier	**Uhr**	it is four o'clock
um 13	**Uhr**	at 1 pm
das	**Uhrenradio(-s)**	clock radio
die	**Uhrzeit(-en)**	time
	um	at
die	**Umfrage(-n)**	survey
	umgeben	surrounded
der	**Umkleideraum(-räume)**	changing room
	umrühren	to stir
der	**Umschlag (Umschläge)**	envelope
	umsteigen	to change (trains/buses)
die	**Umwelt**	environment
	umweltfeindlich	environmentally unfriendly
	umweltfreundlich	environmentally friendly
der	**Umweltschutz**	environmental protection
die	**Umweltverschmutzung**	pollution
	umziehen	to move house, to get changed
der	**Umzug(-züge)**	procession
	unaufgeräumt	untidy
	unbedingt	definite
	unbedingt	definitely
	unbequem	uncomfortable
	unberührt	untouched

■ = masculine noun   ■ = feminine noun   ■ = neuter noun   ■ = verb   ■ = adjective

und – Urlaub(-e)

	und	and
	unerreichbar	out of reach
	unfair	unfair
der	**Unfall (Unfälle)**	accident
die	**Unfallstatistik(-en)**	accident statistic
	unfit	unfit
	unfreundlich	unfriendly
	Ungarn	Hungary
	ungeduldig	impatient
	ungefähr	about, approximately
	ungemütlich	uncomfortable
	ungenügend	unsatisfactory
	ungerecht	unfair
	ungesund	unhealthy
	unglaublich	unbelievable
das	**Unglück(-e)**	bad luck, accident, unhappiness
	unglücklich	unhappy
	unhöflich	impolite
die	**Uniform(-en)**	uniform
die	**Universität(-en)**	university
	unmodern	not fashionable
	unpünktlich	unpunctual
	uns	us
	unser/unsere/unser	our
der	**Unsinnsatz(-sätze)**	nonsensical sentence
	unten	under, below, at the bottom
nach	**unten gehen**	to go downstairs
	unter	underneath
das	**Untergeschoss(-e)**	basement
sich	**unterhalten**	to chat, to talk
	unterhaltsam	entertaining
die	**Unterkunft(-künfte)**	accommodation
	unternehmen	to do, to undertake
der	**Unterricht(-e)**	lesson
	unterrichten	to teach
der	**Unterschied(-e)**	difference
	unterstreichen	to underline
	unterstützen	to support
die	**Untersuchung(-en)**	investigation, examination
die	**Unterwäsche**	underwear
	unterwegs	on the way
	unwohl	unwell
die	**Urgroßmutter(-mütter)**	great-grandmother
der	**Urgroßvater(-väter)**	great-grandfather
der	**Urlaub(-e)**	holiday

■ = masculine noun   ■ = feminine noun   ■ = neuter noun   ■ = verb   ■ = adjective

Urlaub – usw. (und so weiter)

im	**Urlaub**	on holiday
das	**Urlaubsziel(-e)**	holiday destination
	usw. (und so weiter)	etc.

Vv

das	Vanilleeis	vanilla ice cream
die	Vase(-n)	vase
der	Vater (Väter)	father
	Vati	Dad
der	Vegetarier(-)	vegetarian (male)
die	Vegetarierin(-nen)	vegetarian (female)
	vegetarisch	vegetarian
	verändern	to change
	verantwortlich	responsible
die	Verantwortung	responsibility
der	Verband (Verbände)	bandage, association
	verbessern	to improve
	verbilligen	to reduce (price)
	verbinden	to connect, to join
	verboten	forbidden
	verbracht	spent
	verbrannt	burnt
der	Verbrecher(-)	criminal (male)
die	Verbrecherin(-nen)	criminal (female)
	verbringen	to spend (time)
	verdienen	to earn
	verdorben	evil, spoilt
der	Verein(-e)	club
	vergessen	to forget
im	Vergleich	by comparison
	vergleichen	to compare
	verheiratet	married
	verkaufen	to sell
der	Verkäufer(-)	sales assistant (male)
die	Verkäuferin(-nen)	sales assistant (female)
der	Verkehr	traffic
die	Verkehrsampel(-n)	traffic lights
das	Verkehrsamt	tourist information office
das	Verkehrsmittel(-)	means of transport
der	Verkehrsunfall(-unfälle)	traffic accident
sich	verknallen	to fall in love
	verlassen	to leave
	verletzt	injured
sich	verlieben	to fall in love
	verliebt	in love
	verlieren	to lose
	verloren	lost

■ = masculine noun ■ = feminine noun ■ = neuter noun ■ = verb ■ = adjective

die	**Verlustmeldung(-en)**	report of loss
	vermeidbar	avoidable
	vermeiden	to avoid
	vermieten	to rent (out)
die	**Vermietung(-en)**	rental
	vermischen	to mix up
	vermissen	to miss
	vernünftig	sensible
	verpassen	to miss
	verpasst	missed
	verreist	gone away on holiday
	verschieden	different
	verschmutzen	to pollute
	verschreiben	to prescribe
die	**Verspätung(-en)**	delay
	versprechen	to promise
	verstecken	to hide
	verstanden	understood
	verständnisvoll	understanding
	verstehen	to understand
	versuchen	to try
der	**Verteidiger(-)**	defender, attorney (male)
die	**Verteidigerin(-nen)**	defender, attorney (female)
	verteilen	to distribute
die	**Verteilung(-en)**	allocation
das	**Vertrauen**	trust
der	**Vertreter(-)**	representative (male)
die	**Vertreterin(-nen)**	representative (female)
der	**Verwandte(-n)**	relation, relative
der	**Verweis(-e)**	reprimand
	verwenden	to use
	verwöhnen	to spoil
das	**Video(-s)**	video
das	**Videoband(-bänder)**	video tape
das	**Videogerät(-e)**	video machine
das	**Videospiel(-e)**	video game
der	**Videoverleih**	video hire
	viel/viele	much, many
	vielen Dank	many thanks
die	**Vielfalt**	diversity
	viel Glück!	good luck!
	vielleicht	perhaps, maybe
	vier	four
	viermal	four times
	vierte	fourth

■ = masculine noun   ■ = feminine noun   ■ = neuter noun   ■ = verb   ■ = adjective

Viertel(-) – vorziehen

das	**Viertel(-)**	quarter
es ist	**Viertel vor/nach...**	it's quarter to/past...
	vierzehn	fourteen
	vierzig	forty
	violett	violet
das	**Vitamin(-e)**	vitamin
der	**Vogel (Vögel)**	bird
das	**Vokabelheft(-e)**	vocabulary book
die	**Vokabeln (*pl.*)**	vocabulary
das	**Völkerkundemuseum (-museen)**	folk museum
der	**Volkswagen(-)**	Volkswagen
	voll	full
	Volleyball	volleyball
	völlig	complete
	völlig	completely
das	**Vollkornbrot(-e)**	wholegrain bread
die	**Vollpension**	full board
	vom	from the
	von	from
	vor	before, ago
	vor 10 Jahren	10 years ago
im	**Voraus**	in advance
	vorbei	past
	vorbereiten	to prepare
die	**Vorführung(-en)**	demonstration, presentation
	vorgestern	the day before yesterday
der	**Vorhang (Vorhänge)**	curtain
	vorher	before
die	**Vorkenntnis(-se)**	background knowledge
	vorlesen	to read out
	vorletzte Woche	two weeks ago
der	**Vormittag(-e)**	morning
	vormittags	in the morning
der	**Vorname(-n)**	first name
	vorne	in the front
der	**Vorschlag(-schläge)**	suggestion
	vorschlagen	to suggest
	vorsichtig	careful
die	**Vorspeise(-n)**	starter
sich	**vorstellen**	to imagine, to introduce oneself
	vorziehen	to prepare

■ = masculine noun   ■ = feminine noun   ■ = neuter noun   ■ = verb   ■ = adjective

Ww

die	**Waage**	Libra, scales
	wachsen	to grow
die	**Wahl(-en)**	choice, election, vote
	wählen	to choose, to vote
der	**Wahnsinn**	madness
	wahnsinnig	incredible, insane
	wahnsinnig	incredibly, insanely
	wahr	true
	während	while, during
	wahrscheinlich	probable
	wahrscheinlich	probably
die	**Währung(-en)**	currency
der	**Wald (Wälder)**	wood
	Wales	Wales
	walisisch	Welsh
die	**Walnuss(-nüsse)**	walnut
die	**Wand (Wände)**	wall
die	**Wanderkleidung**	walking clothes
	wandern	to go for a walk/stroll
	wandern gehen	to go hiking
der	**Wanderschuh(-e)**	walking boot
die	**Wandertour(-en)**	walking tour
die	**Wanderung(-en)**	walk, hike
der	**Wanderweg(-e)**	footpath
	wann?	when?
	war (*from* **sein**)	was
	waren (*from* **sein**)	were
	warm	warm
	warnen	to warn
die	**Warnung(-en)**	warning
	warten	to wait
	warum?	why?
	was?	what?
	was noch?	what else?
	waschen	to wash
sich	**waschen**	to have a wash
die	**Waschmaschine(-n)**	washing machine
der	**Waschmittelkarton(-s)**	washing powder box
die	**Waschstraße(-n)**	car wash
das	**Wasser**	water
	wasserdicht	water-proof
der	**Wassermann**	Aquarius

= masculine noun   = feminine noun   = neuter noun   = verb   = adjective

wassersparend – Weltraum

	wassersparend	water-saving
die	**Wassersportmöglichkeit(-en)**	water sport facility
die	**Wassertemperatur(-en)**	water temperature
die	**Webseite(-n)**	website
der	**Wecker(-)**	alarm clock
	weder…noch	neither…nor
der	**Weg(-e)**	way, route
	wegbleiben	to stay out, to stay away
	wegen	because of
	wegfahren	to go away
	weglaufen	to run away
	wegräumen	to put away, to clear up
	wegschenken	to give away
der	**Wegweiser(-)**	signpost
	wegwerfen	to throw away
wo tut es	**weh?**	where does it hurt?
	weh tun	to hurt
	weiblich	female, feminine
das	**Weihnachten**	Christmas
das	**Weihnachtsgeschenk(-e)**	Christmas present
der	**Weihnachtsmarkt(-märkte)**	Christmas market
die	**Weihnachtsvorbereitung(-en)**	Christmas peparation
	weil	because
der	**Wein(-e)**	wine
	weiß	white
das	**Weißbier(-e)**	type of beer
das	**Weißbrot(-e)**	white bread
die	**Weißwurst(-würste)**	white Bavarian sausage
	weit	far
	weiter	further, more
	weiterentwickeln	to develop
	weitergehen	to go on, to go further
	weitermachen	to continue
wie	**weit ist es?**	how far is it?
	weit weg	far away
	welcher/welche/welches?	which?
die	**Welle(-n)**	wave
der	**Wellensittich(-e)**	budgerigar
die	**Welt(-en)**	world
der	**Weltkrieg(-e)**	world war
der	**Weltmeister(-)**	world champion (male)
die	**Weltmeisterin(-nen)**	world champion (female)
der	**Weltraum**	outer space

■ = masculine noun   ■ = feminine noun   ■ = neuter noun   ■ = verb   ■ = adjective

Weltreise(-n) – wie viele?

die	Weltreise(-n)	world tour
	wem	to whom
	wem gehört…?	who does…belong to?
	wen	who, whom
ein	wenig	a little
	weniger	less, fewer
	wenigstens	at least
	wenn	whenever, if
	wer?	who?
die	Werbebroschüre(-n)	advertising brochure
der	Werbeslogan(-s)	advertising slogan
der	Werbespot(-s)	commercial, advertisement (TV, radio)
die	Werbung(-en)	advertisement
	werden	to become
	werfen	to throw
	Werken	handicrafts
	werktags	on weekdays
das	Werkzeug(-e)	tool
die	Wespe(-n)	wasp
	West-	West
im	Westen	West
der	Western(-)	western movie
	Westindische Inseln	West Indies
der	Wettbewerb(-e)	competition
das	Wetter	weather
wie ist das	Wetter?	what's the weather like?
der	Wetterbericht(-e)	weather report, forecast
der	Wetterdienst(-e)	weather service
das	Wetter ist schlecht	the weather is bad
das	Wetter ist schön	the weather is fine
	wichtig	important
der	Widder	Aries, ram
	wie?	how?
	wie bitte?	pardon?
	wieder	again
	wiederholen	to repeat
die	Wiederholung(-en)	revision
auf	Wiederhören	goodbye (on phone)
	wiedersehen	to see again
auf	Wiedersehen	goodbye
	wie geht's?	how are you?
	wiegen	to weigh
	Wien	Vienna
	wie viel?	how much?
	wie viele?	how many?

■ = masculine noun   ■ = feminine noun   ■ = neuter noun   ■ = verb   ■ = adjective

willkommen – wünschen

	willkommen	welcome
der	**Wind**(-e)	wind
	windig	windy
	windsurfen	to windsurf
der	**Winter**	winter
im	**Winter**	in the winter
	wir	we
	wirklich	real
	wirklich	really
	wissen	to know
der	**Wissenschaftler**(-)	scientist (male)
die	**Wissenschaftlerin**(-nen)	scientist (female)
der	**Witz**(-e)	joke
	wo?	where?
die	**Woche**(-n)	week
das	**Wochenende**(-n)	weekend
der	**Wochenplan**(-pläne)	plan for the week
	wofür?	what for?
	woher?	where from?
	wohin?	where to?
	wohl	probably, well (used for emphasis)
der	**Wohnblock**(-blöcke)	block of flats
	wohnen	to live
das	**Wohnmobil**(-e)	motor home
der	**Wohnort**(-e)	place of residence
die	**Wohnsiedlung**(-en)	housing estate
die	**Wohnung**(-en)	flat
der	**Wohnungsmarkt**(-märkte)	flat market, flats for sale
die	**Wohnungsrenovierung**	redecoration of flat
der	**Wohnwagen**(-)	caravan
das	**Wohnzimmer**(-)	living room, lounge
die	**Wolke**(-n)	cloud
	wolkig	cloudy
die	**Wolle**	wool
	wollen	to want
	worauf?	what for?
das	**Wort** (**Wörter**)	word
die	**Wortendung**(-en)	word ending
das	**Wörterbuch**(-bücher)	dictionary
die	**Wortstellung**(-en)	word order
	wozu?	what for?
das	**Wunder**(-)	miracle, wonder
	wunderbar	wonderful
	wunderschön	wonderful
	wünschen	to wish

■ = masculine noun   ■ = feminine noun   ■ = neuter noun   ■ = verb   ■ = adjective

der	**Würfel**(-)	dice
	würfeln	to throw the dice
die	**Wurst** (**Würste**)	sausage
die	**Wurstbude**(**-n**)	sausage stand
das	**Würstchen**(-)	small sausage
	würzen	to season
	würzig	spicy

Xx

das	Xylophon(-e)	xylophone

Yy

die	Yacht(-en)	yacht

Zz

die	Zahl(-en)	number
	zahlen	to pay
	zählen	to count
das	Zahlenlotto	lottery
der	Zahn (Zähne)	tooth
der	Zahnarzte(-ärzte)	dentist (male)
die	Zahnärztin(-nen)	dentist (female)
die	Zahnbürste(-n)	toothbrush
sich die	Zähne putzen	to brush one's teeth
das	Zähneputzen	tooth-brushing
die	Zahnpasta	toothpaste
die	Zahnschmerzen (*pl.*)	toothache
das	ZDF (das Zweite Deutsche Fernsehen)	German TV channel
der	Zeh(-en)	toe
	zehn	ten
	zehnjährig	ten-year-old
	zehnte	tenth
der	Zeichentrickfilm(-e)	cartoon
	zeichnen	to draw
die	Zeichnung(-en)	drawing
	zeigen	to show
die	Zeit(-en)	time
die	Zeitschrift(-en)	magazine
die	Zeitung(-en)	newspaper
der	Zeitungskiosk(-e)	newspaper kiosk
der	Zeitvergleich(-e)	time comparison
das	Zelt(-e)	tent
der	Zeltplatz(-plätze)	space for a tent

■ = masculine noun ■ = feminine noun ■ = neuter noun ■ = verb ■ = adjective

Zentralheizung(-en) - zurückkommen

die	**Zentralheizung(-en)**	central heating
das	**Zentrum (Zentren)**	centre
	zerbrechen	to break
	zerkleinertes Eis	crushed ice
	zerschneiden	to cut up
	zerstören	to destroy
der	**Zettel(-)**	bill, receipt, note
das	**Zeugnis(-se)**	school report
	ziehen	to move (to), to pull
das	**Ziel(-e)**	goal, end (of game)
	ziemlich	quite, rather
	ziemlich	fairly
die	**Zigarette(-n)**	cigarette
das	**Zimmer(-)**	room
der	**Zimt**	cinnamon
der	**Zirkus(-se)**	circus
	zischend	hissing
die	**Zitrone(-n)**	lemon
das	**Zitroneneis**	lemon ice cream
der	**Zitronensaft(-säfte)**	lemon juice
der	**Zoff**	row, argument
der	**Zoo(-s)**	zoo
	zu (zum/zur)	to (a place)
das	**Zubehör**	accessories
der	**Zucker**	sugar
die	**Zuckerwatte(-n)**	candy floss
	zuerst	first of all
	zufällig	by chance
	zu Fuß	on foot
der	**Zug (Züge)**	train
	zugeben	to admit
der	**Zugfahrplan(-pläne)**	train timetable
	zu Hause	at home
	zuhören	to listen to
die	**Zukunft**	future
	zuletzt	finally
	zum	to the
	zumachen	to close
	zum Schluss	in the end, finally
	zunehmen	to put on weight, to increase
die	**Zunge(-n)**	tongue
das	**Zungenpiercing**	tongue piercing
	zurück	back
	zurückgehen	to go back
	zurückkommen	to come back

■ = masculine noun   ■ = feminine noun   ■ = neuter noun   ■ = verb   ■ = adjective

zurückzahlen – zwölf

	zurückzahlen	to refund
	zusammen	together, altogether
	zusammenfassen	to summarise
die	**Zusammenfassung**(**-en**)	summary
	zusammengesetzt	joined together
	zusammenstellen	to put together
	zusätzlich	extra
der	**Zuschauer**(**-**)	spectator
die	**Zuschrift**(**-en**)	letter
die	**Zutat**(**-en**)	ingredient
	zuviel	too much, too many
	zwanzig	twenty
	zwar	indeed
	zwei	two
das	**Zweieurostück**(**-e**)	two euro coin
	zweimal pro Monat	twice a month
zu	**zweit**	in twos
	zweiter	second
die	**Zwiebel**(**-n**)	onion
das	**Zwiebelbrot**(**-e**)	onion bread
der	**Zwilling**	Gemini, twin
der	**Zwillingsbruder**(**-brüder**)	twin brother
die	**Zwillingsschwester**(**-n**)	twin sister
	zwischen	between
	zwo	two (*colloquial and when on the phone*)
	zwölf	twelve

■ = masculine noun   ■ = feminine noun   ■ = neuter noun   ■ = verb   ■ = adjective

English – German

Aa

	a/an	ein/eine/ein
to be	able to, can	können
	about	ungefähr, etwa
is	about	betrifft
	above	oben
	abroad	im Ausland
	absolutely	absolut
to	accept	annehmen
	accident	der Unfall (Unfälle)
	accommodation	die Unterkunft(-künfte)
	across	über
	active	aktiv
	activity	die Aktivität(-en)
	actor	der Schauspieler(-)
	actress	die Schauspielerin(-nen)
	actual	eigentlich
	actually	eigentlich
to	adapt	anpassen
to	add	dazugeben, hinzufügen
	addicted	süchtig
	address	die Adresse(-n)
	adjective	das Adjektiv(-e)
to	admit	zugeben
	adult	der Erwachsene(-n)
	adventure	das Abenteuer(-)
	advertisement	die Anzeige(-n), der Werbespot(-s), die Werbung(-en)
	advice	der Rat
to	advise	raten
	aerobics	das Aerobic
	aeroplane	das Flugzeug(-e)
to be	afraid	Angst haben
	Africa	Afrika
	after	nach
	afternoon	der Nachmittag(-e)
in the	afternoon	nachmittags
	afterwards	danach
	again	nochmal, wieder
once	again	noch einmal
	against	gegen
	age	das Alter(-)

■ = masculine noun ■ = feminine noun ■ = neuter noun ■ = verb ■ = adjective

ago – answer (questions)

	ago	vor
I	agree	ich bin auch der Meinung, ich bin dafür
I don't	agree	ich bin dagegen
	agreed, OK	stimmt, genau
	air	die Luft
	airport	der Flughafen(-häfen)
	alarm clock	der Wecker(-)
	alcohol	der Alkohol
	all	alle
	allergic (to)	allergisch (gegen)
to be	allowed to	dürfen
I am	allowed to	ich darf
to	allow	erlauben
	almost	fast
	alone	allein
	along	entlang
	aloud	laut
	alphabet	das Alphabet
	Alps	die Alpen
	already	schon
it's	alright	ist schon gut
	also	auch, ebenfalls
	although	obwohl
	altogether	ingesamt, zusammen
	always	immer
I	am	ich bin
	amazing	erstaunlich
	ambition	der Ehrgeiz(-es)
	ambulance	der Krankenwagen(-)
	America	Amerika
	American (adjective)	amerikanisch
	American (man/woman)	der Amerikaner(-), die Amerikanerin(-nen)
to	amount to	betragen
	and	und
	angry	böse
	animal	das Tier(-e)
	ankle	der Knöchel(-)
to	annoy	ärgern
	annoying	nervig
	another	noch eine(-r,-s)
	answer	die Antwort(-en)
to	answer	antworten
to	answer (questions)	beantworten

■ = masculine noun   ■ = feminine noun   ■ = neuter noun   ■ = verb   ■ = adjective

answering machine – at the moment

	answering machine	der Telefonanrufbeantworter(-)
	anything else?	sonst noch etwas?
	anyway	sowieso
to	apologise	sich entschuldigen
to	appeal to	gefallen
to	appear	erscheinen, scheinen
	apple	der Apfel (Äpfel)
	apple juice	der Apfelsaft(-säfte)
	application	die Bewerbung(-en)
	appointment	der Termin(-e)
	apprentice	der Auszubildende(-n)
		die Auszubildende(-n)
	approximately	ungefähr
	apricot	die Aprikose(-n)
	April	April
	area	die Gegend(-en)
	are there…?	gibt es…?
to	argue	streiten, sich streiten
	argument	der Krach (Kräche), der Streit(-e), der Zoff
	arm	der Arm(-e)
	armchair	der Sessel(-)
	army	die Armee(-n)
to	arrange	ordnen
	arrival	die Ankunft (Ankünfte)
to	arrive	ankommen
	arrived	angekommen
	art	Kunst
	article	der Artikel(-)
	as	als
	Ash Wednesday	der Aschermittwoch
	Asia	Asien
to	ask	fragen
to	ask questions	Fragen stellen
	asthma	das Asthma
	at	um
	at (…'s house)	bei
	at 1 pm	um 13 Uhr
	athletic	sportlich
	athletics	Leichtathletik
	atmosphere	die Stimmung
	at my house	bei mir
to	attack	angreifen
	attention!	Achtung!
	at the moment	im Augenblick

■ = masculine noun   ■ = feminine noun   ■ = neuter noun   ■ = verb   ■ = adjective

95

attractions – awful

	attractions	die Sehenswürdigkeiten (*pl.*)
	aubergine	die Aubergine(-n)
	audience	das Publikum
	August	August
	aunt	die Tante(-n)
	Australia	Australien
	Austria	Österreich
	author	der Autor(-en), die Autorin(-nen)
	autumn	der Herbst
	available	erhältlich
on	average	durchschnittlich
	average height	mittelgroß
	avocado	die Avocado(-s)
to	avoid	vermeiden
	away	entfernt, weg
to go	away	wegfahren
	awful	schrecklich

■ = masculine noun ■ = feminine noun ■ = neuter noun ■ = verb ■ = adjective

Bb

	baby	das Baby(-s)
to	babysit	babysitten
	babysitter	der Babysitter(-), die Babysitterin(-nen)
	babysitting	das Babysitting
	back	der Rücken(-)
	back	zurück
at the	back	hinten
to go	back	zurückgehen
	backache	die Rückenschmerzen (*pl.*)
	bad	schlecht, schlimm, übel
	bad luck	das Unglück(-e)
	badminton	Federball
	bad mood	die schlechte Laune
in a	bad mood	schlecht gelaunt
	bag	die Tasche(-n), die Tüte(-n)
to	bake	backen
	baker's (shop)	die Bäckerei(-en)
	balcony	der Balkon(-s)
	ball	der Ball (Bälle)
	balloon	der Ballon(-s), der Luftballon(-s)
	ballpoint pen	der Kuli(-s)
	banana	die Banane(-n)
	band	die Band(-s)
	bank	die Bank(-en), die Sparkasse(-n)
	bar	die Bar(-s)
	bar (of chocolate)	die Tafel(-n)
	basement	das Untergeschoss(-e)
	basketball	Basketball
	bath	das Bad (Bäder)
	bath (tub)	die Badewanne(-n)
to have a	bath	baden
	bathroom	das Badezimmer(-)
	battle	der Kampf (Kämpfe)
	Bavaria	Bayern
to	be	sein
to	be able to	können
	beach	der Strand (Strände)
	bean	die Bohne(-n)
	beard	der Bart (Bärte)
	beautiful	schön
	because	denn, weil

■ = masculine noun   ■ = feminine noun   ■ = neuter noun   ■ = verb   ■ = adjective

because of – block of flats

	because of	wegen
to	become	werden
	bed	das Bett(-en)
	bed and breakfast	Übernachtung mit Frühstück
	bedroom	das Schlafzimmer(-)
	beef	das Rindfleisch
	beer	das Bier(-e)
	before	früher, vor
to	begin	beginnen
	beginning	der Anfang (Anfänge)
at the	beginning	am Anfang
	behind	hinter
	Belgian (adjective)	belgisch
	Belgium	Belgien
to	believe	glauben
to	belong (to)	gehören
	below	unten
	belt	der Gürtel(-)
	bench	die Bank (Bänke)
to	bend	biegen
	best	beste
	best of all	am besten
	best wishes	alles Gute
	better	besser
	between	zwischen
the	Bible	die Bibel
	bicycle	das Fahrrad(-räder), das Rad (Räder)
	big	groß
by	bike	mit dem Fahrrad
	bike ride	die Radtour(-en)
	bill	die Rechnung(-en), der Zettel(-)
	billion	die Milliarde(-n)
	bin	die Mülltonne
	biology	Biologie
	bird	der Vogel (Vögel)
	biro	der Kuli(-s)
	birthday	der Geburtstag(-e)
	biscuit	der Keks(-e)
a	bit	ein bisschen
to	bite	beißen
	black	schwarz
	Black Forest	der Schwarzwald
	black/white board	die Tafel(-n)
	blackcurrant juice	der Johannisbeersaft
	block of flats	der Wohnblock(-blöcke)

■ = masculine noun ■ = feminine noun ■ = neuter noun ■ = verb ■ = adjective

98

blonde – British (man/woman)

	blonde	blond
	blouse	die Bluse(-n)
	blue	blau
	boat	das Boot(-e)
	body	der Körper(-)
	bone	der Knochen(-)
	book	das Buch (Bücher)
to	book	bestellen
	booking	die Reservierung(-en)
	bookshelf	das Bücherregal(-e)
	bookshop	die Buchhandlung(-en)
	boot	der Stiefel(-)
	border	die Grenze(-n)
	boring	langweilig
	born	geboren
I was	born in	ich bin in…geboren
to	borrow	leihen
	both	beide
	bottle	die Flasche(-n)
at the	bottom	unten
	boutique	die Boutique(-n)
to	bowl	kegeln
	bowl	die Schüssel(-n)
	bowling	das Bowling
	bowling alley	die Kegelbahn(-en)
	box	das Kästchen(-), die Schachtel(-n)
	boy	der Junge(-n)
	boyfriend	der Freund(-e)
	brain	das Gehirn(-e)
	brake	die Bremse(-n)
	bread	das Brot(-e)
	bread roll	das Brötchen(-)
to	break	zerbrechen
	breakfast	das Frühstück(-e)
	breakfast cereal	die Zerealien (*pl.*)
	breaktime	die Pause(-n)
	breath	der Atem
to	breathe	atmen
	bridge	die Brücke(-n)
	brilliant	prima
to	bring	bringen
to	bring along	mitbringen
Great	Britain	Großbritannien
	British (adjective)	britisch
	British (man/woman)	der Brite(-n), die Britin(-nen)

■ = masculine noun   ■ = feminine noun   ■ = neuter noun   ■ = verb   ■ = adjective

broad – by the sea

	broad	breit
	brochure	die Broschüre(-n), der Prospekt(-e)
	broken	gebrochen
	brother	der Bruder (Brüder)
	brothers and sisters	die Geschwister (*pl.*)
	brown	braun
	brown-haired	brünett
	budgerigar	der Wellensittich(-e)
to	**build**	bauen
	building	das Gebäude(-)
	built	gebaut
	built-up	aufgebaut
	bungalow	der Bungalow(-s)
	bunk bed	das Etagenbett(-en)
to	**burn**	brennen
	bus	der Bus(-se)
	bus station	der Busbahnhof(-höfe)
	bus stop	die Bushaltestelle(-n)
	bus ticket	die Busfahrkarte(-n)
	businessman	der Kaufmann(-männer)
	businesswoman	die Kauffrau(-en)
	but	aber
	butcher's (shop)	die Metzgerei(-en)
	butter	die Butter
	butterfly	der Schmetterling(-e)
to	**buy**	kaufen
	by the sea	an der See

■ = masculine noun   ■ = feminine noun   ■ = neuter noun   ■ = verb   ■ = adjective

cabbage – cassette

Cc

	cabbage	der Kohl(-e)
	cable car	die Bergbahn(-en)
	café	das Café(-s)
	cake	der Kuchen(-)
	cake shop	die Konditorei(-en)
to	calculate	rechnen
	calculator	der Rechner(-), der Taschenrechner(-)
	calendar	der Kalender(-)
to	call	rufen
to be	called	heißen
	calm	ruhig
I, he/she	came	ich, er/sie kam
	camera	die Kamera(-s), der Fotoapparat(-e)
	camping	das Camping
	campsite	der Campingplatz(-plätze)
	can	können
I, he/she	can	ich, er/sie kann
	can I help you?	was darf es sein?
	canoe	das Kajak(-s)
	canteen	die Kantine(-n)
	can you…?	kannst du…?
	cap	die Mütze(-n)
	capital (city)	die Hauptstadt(-städte)
	car	das Auto(-s)
	caravan	der Wohnwagen(-)
	card	die Karte(-n)
	cardboard	die Pappe(-n)
	car driver	der Autofahrer(-), die Autofahrerin(-nen)
	career	die Karriere(-n)
	careful	aufmerksam, sorgfältig, vorsichtig
to be	careful	aufpassen
the	Caribbean	die Karibik
	carnival	der Karneval(-s)
	car park	der Parkplatz(-plätze)
	carpet	der Teppich(-e)
	carrot	die Karotte(-n), die Möhre(-n)
to	carry	tragen
	cartoon	der Cartoon(-s), der Trickfilm(-e), der Zeichentrickfilm(-e)
	case	der Fall (Fälle)
	cassette	die Kassette(-n)

= masculine noun ■ = feminine noun ■ = neuter noun ■ = verb ■ = adjective   101

cassette recorder – chess

	cassette recorder	der Kassettenrecorder(-)
	castle	das Schloss (Schlösser)
	cat	die Katze(-n)
to	catch	fangen
	cathedral	der Dom(-e)
	cauliflower	der Blumenkohl(-e)
	CD	die CD(-s)
	CD player	der CD-Spieler(-)
	CD-ROM	die CD-ROM(-s)
to	celebrate	feiern
	celebration	die Feier(-n)
	cellar	der Keller(-)
	cello	das Cello(-s)
	centre	das Zentrum (Zentren), die Mitte(-)
town	centre	die Stadtmitte
	century	das Jahrhundert(-e)
	certain	bestimmt, sicher
	certainly	bestimmt, sicher
	chair	der Stuhl (Stühle)
	chance	die Chance(-n)
by	chance	zufällig
to	change	verändern
to	change (trains/buses)	umsteigen
to get	changed	umziehen
	changing room	die Kabine(-n), der Umkleideraum(-räume)
the English	Channel	der Ärmelkanal
TV	channel	der Kanal (Kanäle)
the	Channel Tunnel	der Kanaltunnel
	chapter	das Kapitel(-)
	chaos	das Chaos
	character	der Charakter(-e)
	characteristic	die Charaktereigenschaft(-en), die Eigenschaft(-en)
to	chat	plaudern, quatschen, sich unterhalten
	chat show	die Talkshow(-s)
	cheap	billig
to	check	überprüfen
	cheeky	frech
	cheese	der Käse(-)
	chef	der Koch (Köche), die Köchin(-nen)
	chemistry	Chemie
	chemist's	die Drogerie(-n)
	cherry	die Kirsche(-n)
	chess	das Schach

■ = masculine noun   ■ = feminine noun   ■ = neuter noun   ■ = verb   ■ = adjective

chest of drawers – cloud

	chest of drawers	die Kommode(-n)
to	chew	kauen
	chewing gum	der Kaugummi
	chicken	das Hähnchen(-)
	child	das Kind(-er)
	children's programme	die Kindersendung(-en)
	China	China
	Chinese	chinesisch
	chips	die Pommes frites (*pl.*)
	chocolate	die Schokolade(-n)
	chocolate cake	der Schokoladenkuchen(-)
	chocolate ice cream	das Schokoladeneis
	choice	die Auswahl(-en), die Wahl(-en)
	choir	der Chor (Chöre)
to	choose	auswählen, wählen
	Christian	der Christ(-en), die Christin(-nen)
	Christianity	das Christentum
	Christmas	das Weihnachten
	Christmas Eve	der Heiligabend
	church	die Kirche(-n)
	cigarette	die Zigarette(-n)
	cinema	das Kino(-s)
to the	cinema	ins Kino
	circle	der Kreis(-e)
	circus	der Zirkus(-se)
	citizen	der Bürger(-), die Bürgerin(-nen)
	city	die Stadt (Städte)
	class	die Klasse(-n)
	classical	klassisch
	classroom	das Klassenzimmer(-)
	class trip	die Klassenfahrt(-en)
	clean	rein, sauber
to	clean	putzen
	clearly	deutlich
to	clear the table	den Tisch abräumen
to	click on	klicken
	climate	das Klima(-s)
	climbing (mountain)	das Bergsteigen
	climbing (rock)	das Klettern
to	climb	klettern
	clock	die Uhr(-en)
to	close	zumachen
	clothes (colloquial)	die Klamotten (*pl.*)
	clothing	die Kleidung(-en)
	cloud	die Wolke(-n)

■ = masculine noun   ■ = feminine noun   ■ = neuter noun   ■ = verb   ■ = adjective

cloudy – computer game

	cloudy	wolkig
	clown	der Clown(-s)
	club	der Verein(-e)
	clue	das Stichwort(-wörter)
	coach (sport)	der Trainer(-)
	coach (transport)	der Reisebus(-se)
	coast	die Küste(-n)
	coat	der Mantel (Mäntel), das Fell(-e)
	cocoa	der Kakao
	coffee	der Kaffee(-s)
	coin	die Münze(-n)
	cola	die Cola(-s)
	cold	kalt
I am	cold	mir ist kalt
	cold	die Erkältung(-en), der Schnupfen
to	collect	sammeln
	collection	die Sammlung(-en)
	Cologne	Köln
	colour	die Farbe(-n)
	coloured pencil	der Buntstift(-e)
	colourful	bunt
	comb	der Kamm (Kämme)
to	come	kommen
to	come along	mitkommen
to	come back	zurückkommen
	comedy	die Komödie(-n)
	come in	herein
	comfortable	bequem
	comic	der Comic(-s)
to	comment	kommentieren
	commentary	der Kommentar(-e)
	committed	engagiert
	community	die Gemeinschaft(-en)
	company	die Firma (Firmen), die Gesellschaft(-en)
to	compare	vergleichen
by	comparison	im Vergleich
	competition	der Wettbewerb(-e)
	complaint	die Klage(-n)
to	complete	ausfüllen, ergänzen
	completely	absolut, völlig
	complicated	kompliziert
	comprehensive school	die Gesamthochschule(-n)
	computer	der Computer(-)
	computer game	das Computerspiel(-e)

■ = masculine noun ■ = feminine noun ■ = neuter noun ■ = verb ■ = adjective

computer programmer – criminal

	computer programmer	der Programmier(-), die Programmiererin(-nen)
	concern	die Sorge(-n)
	concert	das Konzert(-e)
	conclusion	der Abschluss (Abschlüsse)
to	confirm	bestätigen
	congratulations	herzlichen Glückwunsch
to	connect	verbinden
	contact lens	die Kontaklinse(-n)
to	contain	enthalten
	container	der Container(-)
	continent	der Kontinent(-e)
to	continue	weitermachen
on the	contrary	im Gegenteil
	conversation	die Konversation(-en)
	cook	der Koch (Köche), die Köchin(-nen)
to	cook	kochen
	cooker	der Herd(-e)
	cool	cool, locker
	copy	die Kopie(-n)
to	copy	imitieren, kopieren
	corner	die Ecke(-n)
(that's)	correct	(das) stimmt
to	correct	korrigieren
	cosmetics	die Kosmetik
	cost	die Aufwendung(-en)
to	cost	kosten
	costume	das Kostüm(-e)
	cotton	die Baumwolle
	cough	der Husten(-)
	cough medicine	der Hustensaft(-säfte)
I, he/she/it	could	ich, er/sie/es konnte
to	count	zählen
	country	das Land (Länder)
in the	country	auf dem Land
	course	der Kurs(-e)
main	course	das Hauptgericht(-e)
	cousin	der Cousin(-s), die Cousine(-n)
	cow	die Kuh (Kühe)
	cream (food)	die Sahne
	cream (lotion)	die Salbe(-n)
	creative	kreativ
	credit card	die Kreditkarte(-n)
	cricket	das Kricket
	criminal	der Verbrecher(-)

■ = masculine noun   ■ = feminine noun   ■ = neuter noun   ■ = verb   ■ = adjective

crisps – cyclist

	crisps	die Chips (*pl.*)
to	criticise	Kritik üben
	criticism	die Kritik(-en)
	crooked	schief
	crossing	die Kreuzung(-en)
to	cross over	überqueren
	crossword	das Kreuzworträtsel(-)
	crowd	die Menge(-n)
to	cry	heulen
	cucumber	die Gurke(-n)
	cuddly toy	das Stofftier(-e)
	cup	die Tasse(-n)
	cupboard	der Schrank (Schränke)
	curly	lockig
	currency	die Währung(-en)
	current	aktuell
	curry	das Curry(-s)
	curtain	der Vorhang (Vorhänge)
	customer	der Kunde(-n), die Kundin(-nen)
to	cut	schneiden
to	cycle	Rad fahren
	cycling	Radfahren
	cyclist	der Radfahrer(-), die Radfahrerin(-nen)

■ = masculine noun   ■ = feminine noun   ■ = neuter noun   ■ = verb   ■ = adjective

Dd

dad	Vati
daily	täglich
daily newspaper	die Tageszeitung(-en)
daily routine	der Alltag, der Tagesablauf
to dance	tanzen
dance lesson	die Tanzstunde(-n)
dangerous	gefährlich
dark	dunkel
dark haired	dunkelhaarig
date	das Datum (Daten)
daughter	die Tochter (Töchter)
day	der Tag(-e)
once a day	jeden Tag
day trip	der Tagesausflug(-flüge)
dead	tot
deaf	taub
Dear (formal letter)	Sehr geehrte(r)
Dear (personal letter)	Lieber/Liebe
December	Dezember
to decide	sich entscheiden
definitely	unbedingt
degree	der Grad(-e)
to delete	löschen
to deliver (newspapers)	austragen
demonstration	die Vorführung(-en)
Denmark	Dänemark
dentist	der Zahnarzt(-ärzte), die Zahnärztin(-en)
to depart	abfahren
department	die Abteilung(-en)
department store	das Kaufhaus(-häuser)
departure	die Abfahrt(-en)
to describe	beschreiben
desk	der Schreibtisch(-e)
dessert	der Nachtisch(-e)
destination	das Reiseziel(-e)
to destroy	zerstören
detached house	das Einfamilienhaus(-häuser)
detail	die Einzelheit(-en)
detective series	die Krimiserie(-n)
detective story	der Krimi(-s)
to develop	weiterentwickeln

= masculine noun   = feminine noun   = neuter noun   = verb   = adjective

diarrhoea – dog

	diarrhoea	der Durchfall
	diary	das Tagebuch(-bücher)
	dice	der Würfel(-)
	dictionary	das Wörterbuch(-bücher)
	did, has done	hat…gemacht
to	die	töten
	diet	die Diät(-en)
	difference	der Unterschied(-e)
	different	verschieden
	differently	anders
	difficult	schwer, schwierig
	digital	digital
	dining room	das Esszimmer(-)
	dinner	das Abendessen(-)
	dinosaur	der Dinosaurier(-)
	direct	direkt
	direction	die Richtung(-en)
	director	der Direktor(-en), die Direktorin(-nen)
	dirty	schmutzig
	disadvantage	der Nachteil(-e)
to	disappoint	enttäuschen
	disaster	die Katastrophe(-n)
	disc	die Platte(-n)
	disco	die Disko(-s)
to	discover	entdecken
to	discuss	besprechen, diskutieren
	disease	die Krankheit(-en)
	disgusting	ekelhaft
	disk	die Platte(-n)
floppy	disk	die Diskette(-n)
	dispensing chemist's	die Apotheke(-n)
	distance	die Entfernung(-en)
to	distribute	verteilen
to	disturb	stören
	divorced	geschieden
to	dive	tauchen
	diver	der Taucher(-), die Taucherin(-nen)
to	divide	teilen
	diving	das Tauchen
	DIY	das Heimwerken
to	do	machen, tun, unternehmen
	doctor	der Arzt (Ärzte), die Ärztin(-nen)
	document	das Dokument(-e)
	documentary	die Dokumentation(-en)
	dog	der Hund(-e)

■ = masculine noun   ■ = feminine noun   ■ = neuter noun   ■ = verb   ■ = adjective

done – DVD

	done	gemacht
	door	die Tür(-en)
	double bed	das Doppelbett(-en)
	double room	das Doppelzimmer(-)
	down(wards)	hinunter
to	**download**	(herunter)laden
to go	**downstairs**	die Treppe runtergehen
	dozen	das Dutzend(-e)
	drama	Theater, das Drama (Dramen)
to	**draw**	zeichnen
	drawer	die Schublade(-n)
	drawing	die Zeichnung(-en)
	dream	der Traum (Träume)
to	**dream**	träumen
	dress	das Kleid(-er)
to get	**dressed**	sich anziehen
	drink	das Getränk(-e)
to	**drink**	trinken
	drive	die Einfahrt(-en)
to	**drive**	fahren
	driver	der Fahrer(-), die Fahrerin(-nen)
he/she	**drives, travels**	er/sie fährt
	driving licence	der Führerschein(-e)
	drug	die Droge(-n)
	drums	das Schlagzeug
	dry	trocken
	during	während
	dustbin	die Mülltonne(-n)
	Dutch	niederländisch, holländisch
	DVD	die DVD(-s)

■ = masculine noun   ■ = feminine noun   ■ = neuter noun   ■ = verb   ■ = adjective

Ee

each	jede
ear	das Ohr(-en)
earache	die Ohrenschmerzen (*pl.*)
earlier	früher
early	früh
to earn	verdienen
earring	der Ohrring(-e)
earth	die Erde
easier	einfacher
East	Ost-
in the East	im Osten
Easter	das Ostern
Easter egg	das Osterei(-er)
Easter holidays	die Osterferien (*pl.*)
easy	einfach
to eat	essen
edge	die Kante(-n)
effort	die Mühe(-n)
egg	das Ei(-er)
eight	acht
eighteen	achtzehn
eighth	achte
eighty	achtzig
either…or…	entweder…oder…
elbow	der Ellbogen(-)
election	die Wahl(-en)
electric guitar	die elektrische Gitarre(-n)
electricity	die Elektrizität
electronic	elektronisch
eleven	elf
else	sonst
e-mail	die E-Mail(-s)
embarassing	peinlich
emergency	der Notfall (Notfälle)
empty	leer
end	das Ende(-n)
to end	beenden, enden
at the end	zum Schluss
in the end	am Ende
enemy	der Feind(-e)
energy	die Energie(-n)
engine	der Motor(-en)

■ = masculine noun ■ = feminine noun ■ = neuter noun ■ = verb ■ = adjective

England – examination

	England	England
	English (language/subject)	Englisch
(in)	English	auf Englisch
	English man/woman	der Engländer(-), die Engländerin(-nen)
to	enjoy	genießen
	enjoy your meal	guten Appetit!, Mahlzeit!
	enough	genug
to	enter (a room)	eintreten
	entertaining	unterhaltsam
	enthusiasm	die Begeisterung
	enthusiastic	begeistert
	entrance	der Eintritt
	entrance price	der Eintrittspreis(-e)
	entrance ticket	die Eintrittskarte(-n)
	envelope	der Umschlag (Umschläge)
	environment	die Umwelt
	environmental protection	der Umweltschutz
	environmentally friendly	umweltfreundlich
	equal	gleich
	equipment	die Ausrüstung(-en)
	error	der Fehler(-)
	escalator	die Rolltreppe(-n)
	especially	besonders
	etc.	usw. (und so weiter)
	euro (unit of currency)	der Euro(-)
	Europe	Europa
	European	europäisch
	European man/woman	der Europäer(-), die Europäerin(-nen)
	European Union	die Europäische Union(-en)
	even	sogar
	evening	der Abend(-e)
in the	evening	abends
	evening meal	das Abendessen(-)
	every	jeder/jede/jedes
	everybody	jeder
	every day	jeden Tag
	everyone	jeder
	everything	alles
	everything OK?	alles klar?
	everywhere	überall
	evil	verdorben
	exactly	genau
	exam	die Prüfung(-en)
	examination	die Untersuchung(-en)

■ = masculine noun ■ = feminine noun ■ = neuter noun ■ = verb ■ = adjective

example – eyelash

example	das Beispiel(-e)
for example	zum Beispiel
excellent	klasse!, prima
exchange	der Austausch(-e)
exchange rate	der Kurs(-e)
exchange school	die Austauschschule(-n), die Partnerschule(-n)
exciting	spannend
excuse	die Ausrede(-n)
excuse me	Entschuldigung
exercise	die Aufgabe(-n), die Übung(-en)
exercise book	das Heft(-e)
exit	der Ausgang(-gänge)
expenditure	die Ausgabe(-n)
expensive	teuer
experience	das Erlebnis(-se)
to experience	erleben
experiment	das Experiment(-e)
to explain	erklären
explanation	die Erklärung(-en)
to explode	explodieren
expression	der Ausdruck (Ausdrücke)
to express oneself	sich ausdrücken
extra	zusätzlich
eye	das Auge(-n)
eyebrow	die Augenbraue(-n)
eyelash	die Augenwimper(-n)

■ = masculine noun ■ = feminine noun ■ = neuter noun ■ = verb ■ = adjective

Ff

	fabulous	fabelhaft
	face	das Gesicht(-er)
	factory	die Fabrik(-en)
	fair (just)	gerecht
	fair-headed	blond
	fairly	ziemlich
to	fall	fallen
to	fall asleep	einschlafen
to	fall in love	sich verknallen, sich verlieben
	false	falsch
	family	die Familie(-n)
	famous	berühmt
	fan	der Fan(-s)
	fantastic	fantastisch
	far	weit
	farm	der Bauernhof(-höfe)
	farmer	der Bauer(-n), die Bäuerin(-nen)
	fashion	die Mode(-n)
	fashionable	aktuell, modisch
not	fashionable	unmodern
	fast	schnell
	fast-food restaurant	das Fastfood-Restaurant(-s)
	fat	dick
	father	der Vater (Väter)
	favourite	Lieblings-
	fax	das Fax(-e)
	feature film	der Spielfilm(-e)
	February	Februar
to	feed (animals)	füttern
to	feel	fühlen
to	feel ill	schlecht sein
I don't	feel like it	ich habe keine Lust
	felt-tipped pen	der Filzstift(-e)
	female, feminine	weiblich
to	fence	fechten
	ferry	die Fähre(-n)
	festival	das Fest(-e)
to	fetch	holen
	fever	das Fieber
to have a	fever	Fieber haben
	fewer	weniger
	field	das Feld(-er)

■ = masculine noun　■ = feminine noun　■ = neuter noun　■ = verb　■ = adjective

fifteen – flower

	fifteen	fünfzehn
	fifth	fünfte
	fifth	das Fünftel(-)
	fifty	fünfzig
to	fight	kämpfen
	file (computer)	die Datei(-en)
to	fill	füllen
to	fill in	eintragen, ergänzen
to	fill out, complete (form)	ausfüllen
	film	der Film
	final	letzter/letzte/letztes
	finally	am Ende, endlich, schließlich, zum Schluss, zuletzt
to	find	finden
to	find out	herausfinden
	fine	fein
	finger	der Finger(-)
to	finish	beenden
	finished	fertig
	fire	das Feuer(-)
	fire brigade	die Feuerwehr(-en)
	firefighter	der Feuerwehrmann(-männer), die Feuerwehrfrau(-en)
	fireworks, firework display	das Feuerwerk(-e)
	firm	die Firma (Firmen)
	first	erst; erster/erste/erstes
	first name	der Vorname(-n)
	first of all	zuerst
	fish	der Fisch(-e)
	fisherman	der Fischer(-)
	fishing	Angeln
to go	fishing	angeln, fischen
	fit	fit
to	fit	passen
	five	fünf
	flag	die Fahne(-n)
	flame	die Flamme(-n)
	flat	flach
	flat	die Wohnung(-en)
	floor	der Boden (Böden)
	floor	die Etage(-n), der Stock (Stöcke)
	floppy disk	die Diskette(-n)
	florist's	das Blumengeschäft(-e)
	flour	das Mehl(-e)
	flower	die Blume(-n)

■ = masculine noun   ■ = feminine noun   ■ = neuter noun   ■ = verb   ■ = adjective

flu – friendship

	flu	die Grippe
	flute	die Flöte(-n)
	fly	die Fliege(-n)
to	fly	fliegen
	foggy	nebelig
	folder	die Mappe(-n)
to	follow	folgen
	following	folgend
	food	das Essen(-)
	foot	der Fuß (Füße)
on	foot	zu Fuß
	football	Fußball
	football match	das Fußballturnier(-e)
	football team	die Fußballmannschaft(-en)
	for	für
	for (because)	denn
	forbidden	verboten
	forecast	der Wetterbericht(-e)
	foreign	fremd
	foreign language	die Fremdsprache(-n)
	for example	zum Beispiel
to	forget	vergessen
	fork	die Gabel(-n)
(in exchange)	for this	dafür
	fortunately	glücklicherweise
	forty	vierzig
	fountain pen	der Füller(-)
	four	vier
	fourteen	vierzehn
	fourth	vierte
	France	Frankreich
	free	frei, kostenlos
	free time	die Freizeit
to	freeze	frieren
	French (language/subject)	Französisch
(in)	French	auf Französisch
	French man/woman	der Franzose(-n), die Französin(-nen)
	fresh	frisch
	Friday	Freitag
on	Friday	am Freitag
on	Fridays	freitags
	fridge	der Kühlschrank(-schränke)
	friend	der Freund(-e), die Freundin(-nen)
	friendly	freundlich, nett
	friendship	die Freundschaft(-en)

■ = masculine noun ■ = feminine noun ■ = neuter noun ■ = verb ■ = adjective

fries – future

	fries	die Pommes frites (*pl.*)
to be	frightened	Angst haben
	frog	der Frosch (Frösche)
	from	ab, aus, von
in	front	vorne
	fruit	die Frucht (Früchte), das Obst (*sing.*)
	fruit juice	der Fruchtsaft(-säfte), der Obstsaft(-säfte)
	full	voll
	full (after a large meal)	satt
	full board	die Vollpension
	fun	der Spaß
	funny	komisch, lustig
	furniture	die Möbel (*pl.*)
	further	weiter
	future	die Zukunft

■ = masculine noun   ■ = feminine noun   ■ = neuter noun   ■ = verb   ■ = adjective

Gg

	game	das Spiel(-e)
	game show	die Spielshow(-s)
	garage	die Garage(-n)
	garden	der Garten (Gärten)
	gardener	der Gärtner(-), die Gärtnerin(-nen)
	garlic	der Knoblauch
	gas	das Gas(-e)
	gate	das Tor(-e)
	geography	Erdkunde
	German (language/subject)	Deutsch
in	German	auf Deutsch
	German man/woman	der Deutsche(-n), die Deutsche(-n)
	German teacher	der Deutschlehrer(-), die Deutschlehrerin(-nen)
	Germany	Deutschland
to	get	kriegen, bekommen
to	get dressed	sich anziehen
to	get off (bus)	aussteigen
to	get up	aufstehen
	gift	das Geschenk(-e)
	ginger (hair)	rotblond
	girl	das Mädchen(-)
	girlfriend	die Freundin(-nen)
to	give	geben
	give(s)	gib(t)
to	give as a present	schenken
	gladly	gern
	glass	das Glas (Gläser)
	glasses (spectacles)	die Brille(-n)
	glove	der Handschuh(-e)
to	go	fahren, gehen
	goal, aim	das Ziel(-e)
	goal (sport)	das Tor(-e)
to	go back	zurückgehen
to	go for a walk	spazieren gehen
	goldfish	der Goldfisch(-e)
	golf	Golf
	good	gut
	goodbye	tschüs, auf Wiedersehen
	goodbye (on phone)	auf Wiederhören
	good day	guten Tag
	good evening	guten Abend

■ = masculine noun   ■ = feminine noun   ■ = neuter noun   ■ = verb   ■ = adjective

good luck! – guestroom

	good luck!	viel Glück!
	good mood	gut gelaunt
	good morning	guten Morgen
	good night	gute Nacht
	good value	preiswert
to	go shopping	einkaufen gehen
I've	got	ich habe
to	go to bed	ins Bett gehen
to	go to school	zur Schule gehen
	grade	der Grad(-e), die Note(-n)
	gram	das Gramm
	grammar	die Grammatik
	grammar school	das Gymnasium (Gymnasien)
	grandfather	der Großvater(-väter)
	grandma	die Oma(-s)
	grandmother	die Großmutter(-mütter)
	grandpa	der Opa(-s)
	grandparents	die Großeltern (*pl.*)
	grape	die Traube(-n)
	grape juice	der Traubensaft(-säfte)
	grass	das Gras (Gräser)
	great	klasse!, spitze, super, toll
	Great Britain	Großbritannien
	great-grandfather	der Urgroßvater(-väter)
	great-grandmother	die Urgroßmutter(-mütter)
	Greece	Griechenland
	greedy	gierig
	Greek	griechisch
	green	grün
	green/red pepper	die Paprika(-s)
	greengrocer's shop	der Gemüseladen(-läden)
to	greet	grüßen
	grey	grau
	groceries	die Lebensmittel (*pl.*)
	grocer's shop	das Lebensmittelgeschäft(-e)
	ground floor	das Erdgeschoss
on the	ground floor	im Erdgeschoss
	group	die Gruppe(-n)
	group of friends	die Clique(-n)
	groupwork	die Gruppenarbeit(-en)
to	grow	wachsen
to	guess	raten
	guest	der Gast (Gäste)
	guest house	die Pension(-en)
	guestroom	das Gästezimmer(-)

■ = masculine noun   ■ = feminine noun   ■ = neuter noun   ■ = verb   ■ = adjective

guided tour – gymnastics/PE

	guided tour	die Führung(-en)
	guinea pig	das Meerschweinchen(-)
	guitar	die Gitarre(-n)
	gym	die Turnhalle(-n)
to do	**gymnastics/PE**	turnen

Hh

	hair	das Haar(-e)
	hairbrush	die Haarbürste(-n)
	hairdresser	der Friseur(-e), die Friseurin(-nen)
	hairdresser's	der Frisiersalon(-s)
	half	halb, die Hälfte(-n)
	half board	die Halbpension
	half-brother	der Halbbruder(-brüder)
it's	half past four	es ist halb fünf
	half-sister	die Halbschwester(-n)
	hall	der Flur(-e), der Saal (Säle)
	ham	der Schinken(-)
	hamburger	der Hamburger(-)
	hamster	der Hamster(-)
	hand	die Hand (Hände)
	handbag	die Handtasche(-n)
	handsome	gutaussehend
to	hang	hängen
to	happen	passieren
to be	happy, pleased	sich freuen
	happy	froh, glücklich
	Happy Birthday!	Herzlichen Glückwunsch zum Geburtstag!
	Happy New Year!	Ein glückliches neues Jahr!
	hard	schwer, schwierig
	hard-working	fleißig
	hardly	kaum
he/she/it	has	er/sie/es hat
	hat	der Hut (Hüte), die Mütze(-n)
to	hate	hassen
to	have	haben
to	have a cold	eine Erkältung(-en) haben
to	have a shower	sich duschen
to	have a wash	sich waschen
to	have dinner	zu Mittag/Abend essen
to	have fun	Spaß haben
to	have to	müssen
	hay fever	der Heuschnupfen
	he	er
	head	der Kopf (Köpfe)
	headache	die Kopfschmerzen (*pl.*)
	headmaster	der Schuldirektor(-en)
	headmistress	die Schuldirektorin(-nen)

■ = masculine noun   ■ = feminine noun   ■ = neuter noun   ■ = verb   ■ = adjective

health – hope

	health	die Gesundheit
	healthy	gesund
to	hear	hören
	heart	das Herz(-en)
	heat	die Hitze
	heavy	schwer
	height	die Höhe(-n)
	hello	guten Tag, hallo
	help	die Hilfe
to	help	helfen
	helpful	hilfsbereit
	her	ihr/ihre/ihr
	here	hier
	herself	sich
to	hide	sich verstecken
	hi-fi system	die Stereoanlage(-n)
	high	hoch; hoher/hohe/hohes
	highest	höchster/höchste/höchstes
	high-rise building	das Hochhaus(-häuser)
	hike	die Wanderung(-en)
to go	hiking	wandern gehen
	hill	der Hügel(-)
	him	ihn
	himself	sich
	hint	der Hinweis(-e)
	his	sein/seine/sein
	history	die Geschichte
to	hit	schlagen
	hobby	das Hobby(-s)
	hockey	Hockey
to	hold	halten
	hole	das Loch (Löcher)
	holiday	der Urlaub(-e)
on	holiday	im Urlaub
	holidays	die Ferien (*pl.*)
	Holland	Holland
at	home	zu Hause
	home	die Heimat
(going to)	home	nach Hause
	homeless	obdachlos
	home town	die Heimat
	homework	die Hausaufgabe(-n)
	hoover	der Staubsauger(-)
to do the	hoovering	staubsaugen
to	hope	hoffen

■ = masculine noun ■ = feminine noun ■ = neuter noun ■ = verb ■ = adjective

hopefully – husband

	hopefully	hoffentlich
	horrible	grausig
	horror film	der Horrorfilm(-e)
	horror story	die Horrorgeschichte(-n)
	horse	das Pferd(-e)
to go	**horse riding**	Reiten gehen
	hospital	das Krankenhaus(-häuser)
	host family	die Gastfamilie(-n)
	hot	heiß
I'm	**hot**	mir ist heiß
	hot chocolate	der Kakao(-s)
	hotel	das Hotel(-s)
	hour	die Stunde(-n)
	house	das Haus (Häuser)
at my	**house**	bei mir
	housewife/househusband	die Hausfrau(-en), der Hausmann(-männer)
	housework	die Hausarbeit
	housing estate	die Wohnsiedlung(-en)
	how?	wie?
	how are you?	wie geht's?
	how do I get to…?	wie komme ich zu…?
	how far is it?	wie weit ist es?
	how long is…?	wie lang ist…?
	how many?	wie viele?
	how much?	wie viel?
	how old are you?	wie alt bist du?
	huge	riesig
	human being	der Mensch(-en)
	hundred	hundert
	hungry	hungrig
to be	**hungry**	Hunger haben
	hurry up	beeil dich
to	**hurry up**	sich beeilen
to	**hurt**	weh tun
	husband	der Ehemann(-männer)

= masculine noun   = feminine noun   = neuter noun   = verb   = adjective

Ii

	I	ich
	I am	ich bin
	I am 13 years old	ich bin 13 Jahre alt
	ice cream	das Eis
	ice hockey	das Eishockey
	ice rink	die Eisbahn(-en), die Eishalle(-n)
	ice skates	die Schlittschuhe (pl.)
to go	ice skating	eislaufen gehen
	ICT	die Informatik
	idea	die Idee(-n), die Ahnung(-en)
	ideal	ideal, Traum-
to	identify	identifizieren
	identity	die Identität(-en)
	idiot	der Idiot(-en), die Idiotin(-nen)
	if	wenn
	ill	krank
to get	ill	krank werden
I'm feeling	ill	mir ist schlecht
	illness	die Krankheit(-en)
	imagination	die Fantasie(-n)
	imaginative	fantasievoll
to	imagine	sich vorstellen
	immediately	gleich, sofort
	impatient	ungeduldig
	impolite	unhöflich
	important	wichtig
to	improve	verbessern
	in	in
	in addition	außerdem
to	increase	zunehmen
	incredibly	irrsinnig, wahnsinnig
	indeed	zwar
	India	Indien
	indoor swimming pool	das Hallenbad(-bäder)
	industry	die Industrie(-n)
	in fact	tatsächlich
to	inform	informieren
	information	die Information(-en)
	ingredient	die Zutat(-en)
	inhabitant	der Einwohner(-), die Einwohnerin(-nen)
	in it	drin

■ = masculine noun   ■ = feminine noun   ■ = neuter noun   ■ = verb   ■ = adjective

injection – it is raining

	injection	die Spritze(-n)
	injured	verletzt
	in my opinion	meiner Meinung nach
	in particular	besonders
	insect	das Insekt(-en)
	inspection	die Inspektion(-en)
	instruction	die Anweisung(-en)
(musical)	instrument	das Instrument(-e)
	intelligent	intelligent
	interest	das Interesse(-n)
	interested	interessiert
to be	interested in	sich interessieren für
	interesting	interessant
	Internet	das Internet
	interview	das Interview(-s)
	into	ins
to	invent	erfinden
	investigation	die Untersuchung(-en)
	invitation	die Einladung(-en)
to	invite	einladen
	Ireland	Irland
	Irish	irisch
to	iron	bügeln
he/she/it	is	er/sie/es ist
	island	die Insel(-n)
	is there…?	gibt es…?
	it	es
	Italian	italienisch
	Italy	Italien
	it is cold	es ist kalt
	it is four o'clock	es ist vier Uhr
	it is my turn	ich bin an der Reihe
	it is raining	es regnet

■ = masculine noun   ■ = feminine noun   ■ = neuter noun   ■ = verb   ■ = adjective

Jj

	jacket	die Jacke(-n)
	jam	die Marmelade(-n)
	January	Januar
	Japan	Japan
	Japanese	japanisch
	jar	das Glas (Gläser)
	jealous	eifersüchtig
	jeans	die Jeans
	Jew	der Jude(-n), die Jüdin(-nen)
	jewellery	der Schmuck (*sing.*)
	Jewish	jüdisch
	job	der Beruf(-e), der Job(-s), die Stelle(-n)
	job advert	die Jobanzeige(-n)
to go	**jogging**	joggen gehen
to	**join**	verbinden
	joke	der Witz(-e)
	journalist	der Journalist(-en), die Journalistin(-nen)
	journey	die Fahrt(-en)
	judo	das Judo
	juice	der Saft (Säfte)
	July	Juli
	jumper	der Pulli(-s), der Pullover(-)
	June	Juni
	just	erst

■ = masculine noun   ■ = feminine noun   ■ = neuter noun   ■ = verb   ■ = adjective

Kk

	karate	das Karate
to	keep	halten
to	keep fit	sich fit halten
	ketchup	das Ketschup
	key	der Schlüssel(-)
	keyboard	die Tastatur(-en)
	keyword	das Schüsselwort(-wörter)
to	kill	töten
	kilo	das Kilo(-s)
	kilogram	das Kilogramm(-)
	kilometre	der Kilometer(-)
	kind	liebenswürdig
	kind, sort	die Art(-en)
	king	der König(-e)
all	kinds of	allerlei
	kiosk	die Bude(-n), der Kiosk(-e)
	kiss	der Kuss (Küsse)
to	kiss	küssen
	kitchen	die Küche(-n)
	knee	das Knie(-)
	knife	das Messer(-)
to	knit	stricken
to	knock	klopfen
to	know	kennen (*someone*), wissen (*something*)
to get to	know	kennen lernen

■ = masculine noun   ■ = feminine noun   ■ = neuter noun   ■ = verb   ■ = adjective

Ll

	lab(oratory)	das Labor(-s)
	label	das Etikett(-en)
	lady	die Dame(-n)
	laid back	locker
	lake	der See(-n)
	lamb	das Lamm (Lämmer)
	lamp	die Lampe(-n)
	land	das Land
	landscape	die Landschaft(-en)
	language	die Sprache(-n)
	laptop (computer)	der Laptop(-s)
	large	groß
	last	letzter/letzte/letztes
	last month	letzten Monat
	last week	letzte Woche
at	**last**	endlich
to	**last**	dauern
	late	spät
	later	später
to	**laugh**	lachen
	law	das Gesetz(-e)
to mow the	**lawn**	den Rasen mähen
to	**lay**	legen
to	**lay (table)**	decken
	lazy	faul
to	**lead**	leiten
	leaflet	der Prospekt(-e)
to	**learn**	lernen
at	**least**	wenigstens
	leather	das Leder
	leather jacket	die Lederjacke(-n)
to	**leave**	abfahren, lassen, verlassen
to	**leave out**	auslassen
	left	links
on the	**left-hand side**	auf der linken Seite
	leg	das Bein(-e)
	leisure centre	das Freizeitzentrum(-zentren)
	lemon	die Zitrone(-n)
	lemonade	die Limonade(-n)
to	**lend**	leihen
	less	weniger

= masculine noun = feminine noun = neuter noun = verb = adjective

lesson – look at

	lesson	die Lektion(-en), die Schulstunde(-n), die Stunde(-n)
	letter	der Brief(-e), die Zuschrift(-en)
	lettuce	der Salat(-e)
	level	die Notenstufe(-n)
	library	die Bibliothek(-en)
	lid	der Deckel(-)
to	lie	liegen
	Liechtenstein	Liechtenstein
to have a	lie-in	ausschlafen
	life	das Leben(-)
	lift	der Lift(-e), der Aufzug(-züge)
	light	das Licht(-er)
	light blue	hellblau
	light (coloured)	hell
	light (not heavy)	leicht
there's	lightning	es blitzt
I	like	ich mag
	like, as	so
to	like	mögen
I	like that	das macht mir Spaß
I	like watching…most of all	ich sehe am liebsten
I would	like	ich möchte
	line	die Linie(-n)
	lip	die Lippe(-n)
	list	die Liste(-n)
	listen!	hör zu!
	listened	gehört
to	listen to	zuhören
	literature	die Literatur(-en)
	litre	der Liter(-)
a	little	ein wenig
to	live	wohnen, leben
	lively	lebendig
	living room	das Wohnzimmer(-)
	loft	der Dachboden(-böden)
to	log off	sich abmelden
to	log on	sich anmelden
	lonely	einsam
	long	lang
	longer	länger
	look	schau
to	look	aussehen, hersehen, schauen
to	look after something	sich um etwas kümmern
to	look at	sich ansehen, anschauen

■ = masculine noun   ■ = feminine noun   ■ = neuter noun   ■ = verb   ■ = adjective

to	look for	suchen
to	look up	nachschauen
I'm	looking forward to…	ich freue mich auf…
	lorry	der Lastwagen(-)
to	lose	verlieren
	lost	verloren
	lost property office	das Fundbüro(-s)
	lottery	die Lotterie, das Lotto(-s)
	loud	laut
	lounge	das Wohnzimmer(-)
	love	die Liebe
in	love	verliebt
to	love	lieben
	lovely	schön
	low	niedrig
	luck	das Glück
bad	luck	das Pech
good	luck!	viel Glück!
	luggage	das Gepäck
	lunch	das Mittagessen(-)
at	lunchtime	mittags
	Luxembourg	Luxemburg
	luxury	der Luxus

= masculine noun   = feminine noun   = neuter noun   = verb   = adjective

Mm

	madness	der Wahnsinn
	magazine	die Illustrierte(-n), das Magazin(-e), die Zeitschrift(-en)
	magic	die Magie
	magnificent	herrlich
	mainly	hauptsächlich, meistens
to	make	machen
to	make a mistake	einen Fehler machen
to	make fun of somebody	sich über jemanden lustig machen
	make-up	die Kosmetik, das Make-up
to	make up	erfinden
	male, masculine	männlich
	man	der Mann (Männer)
	man, Mr	der Herr
	many	viele
	many thanks	vielen Dank
	map	die Landkarte(-n)
	March	März
	mark	die Note(-n)
to	mark	markieren
	market	der Markt (Märkte)
	market place	der Marktplatz(-plätze)
	marmalade	die Orangenmarmelade(-n)
	marriage	die Ehe(-n)
	married	verheiratet
	married couple	das Ehepaar(-e)
to	marry	heiraten
to	match	passen
	match	das Streichholz(-hölzer)
	match (sport)	das Spiel(-e)
	matching	passend
	maths	Mathe
it doesn't	matter	das macht nichts
	May	Mai
	maybe	vielleicht
	mayor	der Bürgermeister(-)
	mayoress	die Bürgermeisterin(-nen)
	me	mich
to	me	mir
	meal	das Essen(-), das Gericht(-e), die Mahlzeit(-en)
	mean	gemein

■ = masculine noun ■ = feminine noun ■ = neuter noun ■ = verb ■ = adjective

mean – mobile phone

to	mean	bedeuten
	means of transport	das Verkehrsmittel(-)
in the	meantime	inzwischen
to	measure	messen
	meat	das Fleisch
	mechanic	der Mechaniker(-), die Mechanikerin(-nen)
	medicine	das Medikament(-e), die Medizin(-en)
	Mediterranean Sea	das Mittelmeer
to	meet	treffen
	meeting	die Begegnung(-en)
	meeting place	der Treffpunkt(-e)
to	meet up with friends	Freunde treffen
	member	das Mitglied(-er)
	menu	die Speisekarte(-n), der Speiseplan(-pläne)
in a	mess	durcheinander
	message	die Nachricht(-en)
	metal	das Metall(-e)
	metre	der Meter(-)
	microwave	der Mikrowellenherd(-e)
	midday	der Mittag(-e)
	midday meal	das Mittagessen(-)
	middle	die Mitte
	midnight	die Mitternacht
	mighty	mächtig
	mild	mild
	milk	die Milch
	million	die Million(-en)
I don't	mind	mir ist egal
	mineral	der Mineralstoff(-e)
	mineral water	das Mineralwasser
	mini skirt	der Minirock(-röcke)
	minigolf	der Minigolf
	minute	die Minute(-n)
just a	minute	Moment mal
	mirror	der Spiegel(-)
	Miss	Fräulein
to	miss	vermissen, verpassen
	missed	verpasst
to be	missing	fehlen
	mistake	der Fehler(-)
to	mix	mischen
to	mix up	vermischen
	mobile phone	das Handy(-s)

■ = masculine noun   ■ = feminine noun   ■ = neuter noun   ■ = verb   ■ = adjective

131

model – music programme

	model	das Modell(-e)
	modern	modern
	moment	der Moment(-e)
at the	moment	im Augenblick
	Monday	Montag
on	Monday	am Montag
on	Mondays	montags
	money	das Geld
	money box	die Sparkasse(-n)
	month	der Monat(-e)
	mood	die Laune(-n)
in a bad	mood	schlecht gelaunt
in a good	mood	gut gelaunt
	moody	launisch
	moon	der Mond(-e)
	more	mehr, weiter
	more than	über
	morning	der Morgen(-), der Vormittag(-e)
in the	morning	morgens, vormittags
	mosque	die Moschee(-n)
	mostly	mindestens
	most of all	am liebsten
	mother	die Mutter (Mütter)
	motorbike	das Motorrad(-räder)
	motorway	die Autobahn(-en)
	mountain	der Berg(-e)
	mountain bike	das Mountainbike(-s)
	mouse	die Maus (Mäuse)
	moustache	der Schnurrbart(-bärte)
	mouth	der Mund (Münder)
to	move house	umziehen
to	move (to)	ziehen
	Mr	Herr
	Mrs/Ms	Frau
	much	viel
	mum	Mutti
	Munich	München
	murder	der Mord(-e)
	murderer	der Mörder(-), die Mörderin(-nen)
	muscular	muskulös
	museum	das Museum (Museen)
	mushroom	der Champignon(-s), der Pilz(-e)
	music	Musik
to listen to	music	Musik hören
	music programme	die Musiksendung(-en)

■ = masculine noun ■ = feminine noun ■ = neuter noun ■ = verb ■ = adjective

musical – mystery

	musical	das Musical(-s), musikalisch
	musical instrument	das Musikinstrument(-e)
	musician	der Musiker(-), die Musikerin(-nen)
	Muslim	der Moslem(-s), die Moslime(-n)
	must	müssen
I, he/she/it	**must**	ich, er/sie/es muss
	mustard	der Senf
	my	mein/meine/mein
	myself	mich
	mystery	das Rätsel(-)

■ = masculine noun   ■ = feminine noun   ■ = neuter noun   ■ = verb   ■ = adjective

Nn

	name	der Name(-n)
to	name	nennen
what's your	name?	wie heißt du?
my	name is…	ich heiße…, mein Name ist
	nail	der Nagel (Nägel)
	narrow	eng
	nationality	die Nationalität(-en)
	natural	natürlich
	nature	die Natur
	naughty	frech
	near	in der Nähe von
	nearly	fast
	necessary	erforderlich, nötig
	neck	der Hals (Hälse)
	necklace	der Halsband(-bänder)
to	need	brauchen
	negative	negativ
	neighbour	der Nachbar(-n), die Nachbarin(-nen)
	neither…nor	weder…noch…
	nervous	nervös
	Netherlands	die Niederlande
	network	das Netz(-e)
	never	nie
	never again	nie mehr
	nevertheless	trotzdem
	new	neu
	news	die Nachrichten (*pl.*)
	newspaper	die Zeitung(-en)
	newspaper kiosk	der Zeitungskiosk(-e)
	New Year	das Neujahr
	New Year's Eve	der Silvester
	New Zealand	Neuseeland
	next	nächster/nächste/nächstes, als nächstes
	next to	neben
	next to it	daneben
	nice	nett, schön
	night	die Nacht (Nächte)
in the	night	nachts
	nine	neun
	nineteen	neunzehn
	ninety	neunzig

■ = masculine noun   ■ = feminine noun   ■ = neuter noun   ■ = verb   ■ = adjective

ninth – nut

	ninth	neunte
	no	nein
	no (not any)	kein/keine/kein
	nobody	niemand
	no idea	keine Ahnung
	noise	der Krach, der Lärm
	noisy	laut
	none (not any)	kein/keine/kein
	non-fiction book	das Sachbuch(-bücher)
	non-smoker	der Nichtraucher(-)
	normal	normal
	normally	normalerweise
	North	Nord-
	north	Norden
	Northern Ireland	Nordirland
	North Pole	der Nordpol
	nose	die Nase(-n)
	not	nicht
	not at all	überhaupt nicht, gar nicht
	note (bank)	der Schein(-e)
	note (message)	die Notiz(-en)
to	**note down**	notieren
to make	**notes**	Notizen machen
	nothing	nichts
	nothing at all	gar nichts
	nothing special	nichts Besonderes
to	**notice**	merken
	noun	das Hauptwort(-wörter)
	novel	der Roman(-e)
	November	November
	now	jetzt
	nowadays	heutzutage
	now and then	ab und zu
	number	die Nummer(-n), die Zahl(-en)
	nurse	der Krankenpfleger(-), die Krankenschwester(-n)
	nursery	die Kinderkrippe(-n), der Kindergarten (-gärten)
	nut	die Nuss (Nüsse)

■ = masculine noun   ■ = feminine noun   ■ = neuter noun   ■ = verb   ■ = adjective

Oo

	OAP	der Rentner(-), die Rentnerin(-nen)
	object	der Gegenstand(-stände)
	objective	das Lernziel(-e)
to	obtain	bekommen
	obvious	eindeutig, offensichtlich
	occupation	der Beruf(-e)
	ocean	das Meer(-e)
	October	Oktober
	of course!	klar!
	of it	davon
	offer	das Angebot(-e)
	offered	angeboten
	office	das Büro(-s)
	official	offiziell
	official	der Beamte(-n), die Beamtin(-nen)
	off you go	los
	often	oft
	oil	das Öl
	OK	in Ordnung
	old	alt
how	old are you?	wie alt bist du?
	oldest	älteste
	old-fashioned	altmodisch
	Olympic stadium	das Olympiastadion(-stadien)
	on	an
to go	on, to go further	weitergehen
to put	on	sich anziehen
	once	einmal
	one	eins
	one another	einander
	one, you	man
	oneself, yourself	selber
	on foot	zu Fuß
	on holiday	im Urlaub
	on it	darauf
	online	online
	onion	die Zwiebel(-n)
	only	nur
	only child	das Einzelkind(-er)
	on time	rechtzeitig
	open	geöffnet, offen
to	open	aufmachen, eröffen, öffnen

opening hours – ozone layer

	opening hours	die Öffnungszeiten (*pl.*)
	opera	die Oper(-n)
	opinion	die Meinung(-en)
in my	opinion	meiner Meinung nach
	opportunity	die Gelegenheit(-en)
	opposite	gegenüber
	optimistic	optimistisch
	or	oder
	orally	mündlich
	orange (colour)	orange
	orange (fruit)	die Apfelsine(-n), die Orange(-n)
	orange juice	der Orangensaft(-säfte)
	orchestra	das Orchester(-)
	order (command)	der Befehl(-e)
	order (series)	die Ordnung(-en), die Reihenfolge(-n)
to	order	bestellen
to put in	order	ordnen
to	organise	organisieren
	other	anderer/andere/anderes; sonstiger/sonstige/sonstiges
I, he/she	ought to	ich, er/sie sollte
	our	unser/unsere/unser
	out	raus
to go	out	ausgehen, rausgehen
	out of	aus
	outside	draußen
	outskirts	der Stadtrand(-ränder)
	oven	der Ofen (Öfen)
	over	über
	over it	darüber
	over there	dort drüben, drüben
	own	eigener/eigene/eigenes
	owner	der Besitzer(-), die Besitzerin(-nen)
	oxygen	der Sauerstoff(-e)
	ozone layer	die Ozonschicht

■ = masculine noun   ■ = feminine noun   ■ = neuter noun   ■ = verb   ■ = adjective

Pp

to	pack	packen
	packet	die Packung(-en), die Tüte(-n)
	page	die Seite(-n)
	pain	der Schmerz(-en)
to	paint	malen
	painting	das Gemälde(-)
	pair	das Paar(-e)
	pair of scissors	die Schere(-n)
	pair of shorts	die Shorts
	pairwork	die Partnerarbeit(-en)
	pancake	der Pfannkuchen(-)
	paper	das Papier(-e)
	parcel	das Paket(-e)
	pardon?	wie bitte?
	parents	die Eltern (*pl.*)
	park	der Park(-s)
to	park	parken
	parliament	das Parlament
	part	die Rolle(-n), der Teil(-e)
	partner	der Partner(-), die Partnerin(-nen)
	party	die Party(-s)
	passed	freigegeben, vorbeigegangen, vorbeigefahren, bestanden (*test*), verabschiedet (*law*)
	passenger	der Passagier(-e)
	Passover	Passah
	passport	der Reisepass(-pässe)
	password	das Passwort(-wörter)
	past	vorbei
	pasta	die Nudeln (*pl.*)
	path	der Weg(-e)
	patience	die Geduld
	patient	geduldig
to	pay	bezahlen, zahlen
to	pay attention	Acht geben, achten
	PE	Sport
	pea	die Erbse(-n)
	peace	der Freiden, die Ruhe
	peaceful	friedlich, sanft, ruhig
	peach	der Pfirsich(-e)
	peanut	der Erdnuss(-nüsse)
	pear	die Birne(-n)

■ = masculine noun ■ = feminine noun ■ = neuter noun ■ = verb ■ = adjective

pen – pizza

	pen	der Kuli(-s), der Stift(-e)
	pencil	der Bleistift(-e)
	pencil case	das Etui(-s)
	pencil sharpener	der Spitzer(-)
	penfriend	der Brieffreund(-e), die Brieffreundin(-nen)
	people	die Leute (*pl.*)
	pepper (spice)	der Pfeffer
green/red	pepper	der Paprika(-)
	per	pro
	per cent	das Prozent
	percentage	der Prozentsatz(-sätze)
	perhaps	vielleicht
	person	die Person(-en)
	personally	persönlich
	personal stereo	der Kassettenspieler
	pet	das Haustier(-e)
	petrol	das Benzin
	petrol station	die Tankstelle(-n)
	pharmacy	die Apotheke(-n)
to	phone	anrufen
	phone box	die Telefonzelle(-n)
	phone call	der Anruf(-e)
	photo	das Foto(-s)
to	photocopy	fotokopieren
	photograph	das Foto(-s)
to	photograph	fotografieren
	photographer	der Fotograf(-en), die Fotografin(-nen)
	photography	die Fotografie(-n)
	physics	Physik
	piano	das Klavier(-e)
to	pick	pflücken
to	pick…up	abholen
	picnic	das Picknick(-s)
	picture	das Bild(-er)
	piece	das Stück(-e)
	piece of paper	das Blatt Papier (Blätter Papier)
	pig	das Schwein(-e)
	pill	die Tablette(-n)
	pillow	das Kissen
	pilot	der Pilot(-en)
	pineapple	die Ananas(-se)
	pink	rosa
	pitch (sport)	das Feld(-er)
	pizza	die Pizza(-s/Pizzen)

■ = masculine noun ■ = feminine noun ■ = neuter noun ■ = verb ■ = adjective

139

place – pollute

	place	der Ort(-e)
to	place	stellen, legen
	plan	der Plan (Pläne)
to	plan	planen
	plane	das Flugzeug(-e)
	planet	der Planet(-en)
	planning	die Planung(-en)
	plant	die Pflanze(-n)
to	plant	pflanzen
	plaster (of Paris)	der Gips
made from	plastic	aus Plastik
	plastic bag	die Plastiktüte(-n)
	plate	der Teller(-)
	platform	das Gleis(-e), der Bahnsteig(-e)
to	play	spielen
to	play cards	Karten spielen
	played	gespielt
	player	der Spieler(-), die Spielerin(-nen)
to	play football	Fußball spielen
	playground	der Spielplatz(-plätze)
to	play tennis	Tennis spielen
to	play the guitar	Gitarre spielen
to	play the keyboard	Keyboard spielen
to	play the piano	Klavier spielen
to	play together	miteinander spielen
	please	bitte
with	pleasure	gern
	plum	die Pflaume(-n)
	pocket	die Tasche(-n)
	pocket money	das Taschengeld
	poem	das Gedicht(-e)
	poetry	die Poesie(-n)
	point	der Punkt(-e)
	pointed	spitz
(nought)	point five, 0.5	null komma fünf, 0,5
three	point four, 3.4	drei komma vier, 3,4
	Poland	Polen
	police	die Polizei
	policeman	der Polizist(-en)
	police station	die Polizeiwache(-n)
	policewoman	die Polizistin(-nen)
	Polish	polnisch
	polite	höflich
	politics	die Politik
to	pollute	verschmutzen

■ = masculine noun   ■ = feminine noun   ■ = neuter noun   ■ = verb   ■ = adjective

pollution – probably

	pollution	die Umweltschmutzung
	poor	arm
	pop concert	das Popkonzert(-e)
	pope	der Papst (Päpste)
	pop group	die Popband(-s), die Popgruppe(-n)
	pop music	die Popmusik
	popular	beliebt, populär
	population	die Bevölkerung
	pork	das Schweinefleisch
	port	der Hafen (Häfen)
to	portray	darstellen
	portable	tragbar
	Portugal	Portugal
	position	die Position(-en)
	positive	positiv
	possibility	die Möglichkeit(-en)
	possible	möglich
	postcard	die Postkarte(-n)
	poster	das Plakat(-e), das Poster(-)
to	post (in a post-box)	einwerfen
	post office	die Post
	postman/woman	der Briefträger(-), die Briefträgerin(-nen)
	potato	die Kartoffel(-n)
	pound	das Pfund
to	pour	gießen
	practical	praktisch
to	practise	üben
to	prefer	vorziehen
to	prepare	vorbereiten
	prescription	das Rezept(-e)
	present	das Geschenk(-e)
	president	der Präsident(-en), die Präsidentin(-nen)
	press	die Presse(-n)
to	press	drücken
	pretty	hübsch
	price	der Preis(-e)
	primary school	die Grundschule(-n)
to	print	drucken
	printer	der Drucker(-)
	prison	das Gefängnis(-se)
	private	privat
	prize	der Preis(-e)
	probably	wahrscheinlich

■ = masculine noun ■ = feminine noun ■ = neuter noun ■ = verb ■ = adjective

probably, well (used for emphasis)	wohl
problem	das Problem(-e)
to **produce**	produzieren
produced	produziert
producer	der Produzent(-en), die Produzentin(-nen)
product	das Produkt(-e)
production	die Produktion(-en)
programme	das Programm(-e)
to **programme**	programmieren
progress	der Fortschritt(-e)
to **promise**	versprechen
to **pronounce**	aussprechen
pronunciation	die Aussprache
to **protect**	schützen
public holiday	der Feiertag(-e)
pudding	die Nachspeise(-n)
to **pull**	ziehen
punch	der Punsch(-e)
punctual	pünktlich
to **punish**	bestrafen
pupil	der Schüler(-), die Schülerin(-nen)
purple	lila
purse	der Geldbeutel(-), die Geldbörse(-n), das Portemonnaie(-s)
to **push**	schieben
to **put**	stellen
to **put away, clear up**	wegräumen
puzzle	das Rätsel(-)
pyjamas	der Pyjama(-s)

Qq

qualification	die Qualifikation(-en)
quantity	die Menge(-n)
quarter	das Viertel(-)
it's **quarter to/past…**	es ist Viertel vor/nach…
queen	die Königin(-nen)
question	die Frage(-n)
queue	die Schlange(-n)
quicker than, more quickly than	schneller als
quickly	schnell
quiet	leise, ruhig, still
quiet	die Ruhe
quite	ganz, ziemlich
quiz	das Quiz
quiz programme	die Quizsendung(-en)

■ = masculine noun   ■ = feminine noun   ■ = neuter noun   ■ = verb   ■ = adjective

Rr

	rabbit	das Kaninchen(-), der Hase(-n)
	race	das Rennen(-)
	racism	der Rassismus
	radio	das Radio(-s)
	railway station	der Bahnhof(-höfe)
main	railway station	der Hauptbahnhof(-höfe)
	rain	der Regen
to	rain	regnen
it has	rained	es hat geregnet
it is	raining	es regnet
	rare	selten
	rarely	selten
	raspberry	die Himbeere(-n)
	rat	die Ratte(-n)
	rather	ziemlich
	RE	Religion
to	reach	erreichen
	read	lies
to	read	lesen
	ready	fertig
to be	ready	bereit sein
to	realise	bemerken
	realistic	realistisch
	really	echt, wirklich
	reason	der Grund (Gründe)
	receipt	der Beleg(-e), die Quittung(-en)
	reception	die Rezeption(-en)
	receptionist	die Empfangsdame(-n)
	recipe	das Rezept(-e)
	recommendation	die Empfehlung(-en)
	recommended	empfohlen
to	record	aufzeichnen
to	recycle	recyceln
	recycling	das Recycling
	red	rot
	red-haired	rothaarig
to	reduce (price)	verbilligen, reduzieren
	reduction	die Ermäßigung(-en)
to	refund	zurückzahlen
to	refuse	ablehnen
to	regret	bedauern
	regularly	regelmäßig

■ = masculine noun   ■ = feminine noun   ■ = neuter noun   ■ = verb   ■ = adjective

relationship – right

	relationship	die Beziehung
	relative	der Verwandte(-n), die Verwandte(-n)
to	relax	entspannen
	relaxed	entspannt
	religion	die Religion(-en)
	religious studies	Religion
to	remain, to stay	bleiben
	remains	der Rest(-e)
	remote control	die Fernsteuerung(-en), die Fernbedienung(-en)
	renovated	renoviert
	renovation	die Renovierung(-en)
	rent	die Miete(-n)
to	rent	mieten
to	repair	reparieren
to	repeat	wiederholen
to	reply	antworten
	report	die Nachricht(-en)
to	report	berichten
	reporter	der Reporter(-), die Reporterin(-nen)
	representative	der Vertreter(-), die Vertreterin(-nen)
	Republic of Ireland	Irland
	required	erforderlich
	research	die Forschungsarbeit(-en)
	reservation	die Reservierung(-en)
to	reserve	reservieren
to	resolve	klären
to	respect	respektieren
	responsibility	die Verantwortung
	responsible	verantwortlich
to	rest	ruhen
	restaurant	das Restaurant(-s)
	result	das Ergebnis(-se), das Resultat(-e)
	return (ticket)	hin und zurück
	return journey	die Hin- und Rückfahrt
to	revise	lernen
	revision	die Wiederholung(-en)
	reward	die Belohnung(-en)
	rice	der Reis
	rich	reich
to	ride (horses)	reiten
	right	rechts
on the far	right	ganz rechts
	right, correct	richtig
to be	right	Recht haben

■ = masculine noun   ■ = feminine noun   ■ = neuter noun   ■ = verb   ■ = adjective

right? – Russia

	isn't that right?	nicht wahr?
	rigid	fest
	ring	der Ring(-e)
to	ring	klingeln
	risk	das Risiko (Risiken)
	river	der Fluss (Flüsse)
	road	die Straße(-n)
	rock	der Fels(-en)
	rock (climbing)	das Klettern
	rock group	die Rockgruppe(-n)
	role	die Rolle(-n)
	roller blade	der Inline-Skate(-s)
	roller-skating	das Rollschuhlaufen
to go	roller-skating	Rollschuh fahren
	romantic	romantisch
	romantic film	der Liebesfilm(-e)
	roof	das Dach (Dächer)
	room	das Zimmer(-)
	round	rund
	roundabout	der Kriesverkehr
	routine	die Routine
	road	die Straße(-n)
	rock	der Fels(-en)
	rock (climbing)	das Klettern
	route	die Linie(-n), die Route(-n)
	row	der Zoff
to	row	rudern
	rubber, eraser	der Radiergummi(-s)
	rubbish	der Müll
	rucksack	der Rucksack(-säcke)
	rugby	Rugby
	ruined	ruiniert
	rule	die Regel(-n)
	ruler	das Lineal(-e)
to	run	laufen
to	run away	weglaufen
he/she/it	runs	er/sie/es läuft
	Russia	Russland

■ = masculine noun   ■ = feminine noun   ■ = neuter noun   ■ = verb   ■ = adjective

Ss

sad	traurig
safe	sicher
to sail	segeln
sailing	das Segeln
sailing boat	das Segelboot(-e)
salad	der Salat(-e)
sale	der Ausverkauf
sales assistant	der Verkäufer(-), die Verkäuferin(-nen)
salmon	der Lachs
salt	das Salz
the same	derselbe/dieselbe/dasselbe
sand	der Sand
sandwich	das Butterbrot(-e)
satisfactory	ausreichend
Saturday	Samstag, Sonnabend (*North German word*)
on Saturday	am Samstag
on Saturday afternoon	am Samstagnachmittag
Saturday job	der Samstagsjob(-s)
on Saturdays	samstags
sausage	die Wurst (Würste)
to save	sparen
to say	sagen
scarf	der Schal(-s)
scene	die Szene
school	die Schule(-n)
school bag	die Mappe(-n)
school book	das Schulbuch(-bücher)
school day	der Schultag(-e)
school subject	das Schulfach(-fächer)
school uniform	die Schuluniform(-en)
school yard	der Schulhof(-höfe)
science	Naturwissenschaften (*pl.*)
science fiction	Science fiction
scientist	der Wissenschaftler(-), die Wissenschaftlerin(-nen)
to score a goal	ein Tor schießen
Scot	der Schotte(-n), die Schottin(-nen)
Scotland	Schottland
screen	der Bildschirm(-e)
sea	das Meer(-e), die See(-)
seafood	die Meeresfrüchte (*pl.*)

■ = masculine noun   ■ = feminine noun   ■ = neuter noun   ■ = verb   ■ = adjective

seasick – sheep

	seasick	seekrank
at the	seaside	am Meer
	search	die Suche(-)
	search engine	die Suchmaschine(-n)
	season	die Jahreszeit(-en)
to	season	würzen
	seat	der Sessel(-)
	second	die Sekunde(-n)
	second	zweite
	second-hand	gebraucht
	secret	das Geheimnis(-se)
	secretary	der Sekretär(-e), die Sekretärin(-nen)
to	see	sehen
to	see again	wiedersehen
	see you soon	bis bald
to	seem	scheinen
	selfish	selbstsüchtig
to	sell	verkaufen
to	send	schicken
	sensational	sensationell
	sensible	vernünftig
	sensitive	empfindlich
	sentence	der Satz (Sätze)
to	separate	trennen
	September	September
	sequel	die Folge(-n)
	series	die Serie(-n)
	serious	ernst
	service	die Bedienung(-en)
to	set	setzen
to	set off	lösen
	settee	das Sofa(-s), die Couch(-s/-en)
	set up	errichtet
	seven	sieben
	seventeen	siebzehn
	seventh	siebte
	seventy	siebzig
	several	einige
	sewing	das Nähen
	shampoo	das Shampoo(-s)
	shape	die Form(-en)
to	share	teilen
to	shave	rasieren
	she/they	sie
	sheep	das Schaf(-e)

■ = masculine noun   ■ = feminine noun   ■ = neuter noun   ■ = verb   ■ = adjective

shelf – situation

	shelf	das Regal(-e)
to	shine	scheinen
	ship	das Schiff(-e)
	shirt	das Hemd(-en)
	shock	der Schock(-s)
	shoe	der Schuh(-e)
to	shoot	schießen
	shop	das Geschäft(-e)
to	shop	einkaufen
to go	shopping	einkaufen gehen
	shopping centre	das Einkaufszentrum(-zentren)
	shopping list	die Einkaufsliste(-n)
	shopping trip	der Einkaufsbummel(-)
	short	kurz
	shorts	die Shorts
	shoulder	die Schulter(-n)
to	shout	schreien
to	show	darstellen, zeigen
	shower	die Dusche(-n)
to take/have a	shower	sich duschen
	Shrove Tuesday	der Fastnachtsdienstag
to	shut	schließen
	shy	schüchtern
	sick	krank
to be	sick	sich erbrechen
	side	die Seite(-n)
	sights	die Sehenswürdigkeiten
	sign	das Schild(-er)
	silence	die Ruhe(-)
	silly	blöd, doof
	silver	silber
	similar	ähnlich
	simply	einfach
	since	seit
to	sing	singen
	singer	der Sänger(-), die Sängerin(-nen)
	single journey	die einfache Fahrt
	single room	das Einzelzimmer(-)
	sink	das Spülbecken(-)
	Sir	Herr
	sister	die Schwester(-n)
to	sit	sich setzen
to	sit down	sich hinsetzen
	sitting room	das Wohnzimmer(-)
	situation	die Lage(-n)

■ = masculine noun   ■ = feminine noun   ■ = neuter noun   ■ = verb   ■ = adjective

six – somehow

	six	sechs
	sixteen	sechzehn
	sixth	sechste
	sixty	sechzig
	size	die Größe(-n)
	skateboard	das Skateboard(-s)
to go	skateboarding	Skateboard fahren
	skateboard park	die Skateboardbahn(-en)
	skeleton	das Skelett(-e)
	skiing	das Skilaufen
to go	skiing	Ski fahren
	skin	die Haut (Häute)
	skirt	der Rock (Röcke)
to	skive	schwänzen
	sky	der Himmel(-)
to	sleep	schlafen
	sleeping bag	der Schlafsack(-säcke)
	slice	die Scheibe(-n)
	slim	schlank
	slow	langsam
	slower	langsamer
	small	klein
to	smell	riechen
it	smells	es stinkt
to	smile	lächeln
	smoke	der Rauch
to	smoke	rauchen
	smooth	glatt
	snack bar	die Imbissstube(-n)
	snail	die Schnecke(-n)
	snake	die Schlange(-n)
to	snow	schneien
	so	so
	soap	die Seife(-n)
	soap opera	die Seifenoper(-n)
	social	sozial
	society	die Gesellschaft(-en)
	sock	die Socke(-n)
	sofa	das Sofa(-s)
	software	die Software
	soldier	der Soldat(-en), die Soldatin(-nen)
	solution	die Lösung(-en)
	sometime	irgendwann
	somebody	jemand
	somehow	irgendwie

■ = masculine noun ■ = feminine noun ■ = neuter noun ■ = verb ■ = adjective

something – spring

	something	etwas
	sometimes	manchmal
	somewhere	irgendwo
	song	das Lied(-er)
	son	der Sohn (Söhne)
	soon	bald
see you	soon	bis bald
	sore throat	die Halsschmerzen (*pl.*)
I'm	sorry	es tut mir Leid
	sort	die Sorte(-n)
	soup	die Suppe(-n)
	sour	sauer
	south	Süd-
in the	South	im Süden
	souvenir	das Souvenir(-s)
	space (outer)	der Weltraum
	space (room)	der Raum (Räume)
	space for a tent	der Zeltplatz(-plätze)
	space shuttle	der Raumtransporter(-)
	space station	die Raumstation(-en)
	spaghetti	die Spaghetti (*pl.*)
	Spain	Spanien
	Spaniard	der Spanier(-), die Spanierin(-nen)
in	Spanish	auf Spanisch
	Spanish (language/subject)	Spanisch
to	speak	sprechen
	special offer	das Sonderangebot(-e)
	speciality	die Spezialität(-en)
	spectator	der Zuschauer(-)
	speed	die Geschwindigkeit(-en)
to	spell	buchstabieren
to	spend (money)	ausgeben
to	spend (time)	verbringen
	spicy	würzig
	spider	die Spinne(-n)
	spinach	der Spinat
	spoon	der Löffel(-)
	sport	der Sport
to do	sport	Sport treiben
	sports centre	das Sportzentrum(-zentren)
	sports club	der Sportverein(-e)
	sports hall	die Sporthalle(-n)
	sports programme	die Sportsendung(-en)
	sporty	sportlich
	spring	der Frühling

■ = masculine noun ■ = feminine noun ■ = neuter noun ■ = verb ■ = adjective

	square	das Quadrat(-e)
	stadium	das Stadion (Stadien)
	staffroom	das Lehrerzimmer(-)
	stage	die Bühne(-n)
	staircase	die Treppe(-n)
	stamp	die Briefmarke(-n)
to	stand	stehen
	star	der Stern(-e)
	start	der Start(-s)
to	start	beginnen
	starter	die Vorspeise(-n)
(railway)	station	der Bahnhof(-höfe)
	stationery shop	der Schreibwarenladen(-läden)
	stay	der Aufenthalt(-e)
to	stay	bleiben
to	stay overnight	übernachten
	steak	das Steak(-s)
to	steal	stehlen
	steel	der Stahl
	step	die Stufe(-n)
	stepbrother	der Stiefbruder(-brüder)
	stepfather	der Stiefvater(-väter)
	stepmother	die Stiefmutter(-mütter)
	stepsister	die Stiefschwester(-n)
	stereo system	die Stereoanlage(-n)
	stereotype	das Stereotyp(-en)
	stew	der Eintopf (Eintöpfe)
	stick	der Stock (Stöcke)
	sticker	der Sticker(-)
	still	noch
to	sting	stechen
to	stir	rühren, umrühren
	stomach	der Bauch (Bäuche)
	stomach ache	die Bauchschmerzen (*pl.*)
	stone	der Stein(-e)
	stop!	halt!
	storey	das Stockwerk(-e)
	story	die Geschichte(-n)
	storm	das Gewitter(-)
	straight	glatt
	straight ahead	geradeaus
	strange	fremd
	strawberry	die Erdbeere(-n)
	street	die Straße(-n)
	strict	streng

strike – surrounded

	strike	der Streik(-s)
	striped	gestreift
	strong	stark
	student	der Student(-en), die Studentin(-nen)
	study	das Büro(-s)
to	study	studieren
	stupid	blöd
	style	der Pfiff
	subject (school)	das Fach (Fächer)
	suburbs	der Stadtrand(-ränder)
	success	der Erfolg(-e)
	such	solcher/solche/solches
	suddenly	plötzlich
	sugar	der Zucker
to	suggest	vorschlagen
	suggestion	der Vorschlag (Vorschläge)
	suit	der Anzug (Anzüge)
	suitable	geeignet
	suitcase	der Koffer(-)
	summer	der Sommer
	summer holidays	die Sommerferien (*pl.*)
	sun	die Sonne
to	sunbathe	sonnenbaden
	sun block	die Sonnenschutzcreme(-n)
	sunburn	der Sonnenbrand
	Sunday	Sonntag
on	Sunday	am Sonntag
on	Sundays	sonntags
	sunglasses	die Sonnenbrille(-n)
	sunny	sonnig
	suntan	die Sonnenbräune
	suntan lotion	die Sonnencreme(-s)
	super	super
	supermarket	der Supermarkt(-märkte)
to be	supposed to	sollen
	sure!	na klar!
	sure	sicher
	surely	sicher
to	surf	surfen
	surfing	das Surfen
to	surf the Internet	im Internet surfen
	surgery	die Praxis
	surprise	die Überraschung
	surprised	erstaunt
	surrounded	umgeben

■ = masculine noun   ■ = feminine noun   ■ = neuter noun   ■ = verb   ■ = adjective

	survey	die Umfrage(-n)
	suspicious	suspekt
to	swap	tauschen
	sweatshirt	das Sweatshirt(-s)
	sweet	lieb
	sweet (taste)	süß
	sweet	die Süßigkeit(-en), das Bonbon(-s)
	sweetcorn	der Mais
to	swim	schwimmen
to go	swimming	schwimmen gehen
	swimming costume	der Badeanzug(-züge)
	swimming pool	das Schwimmbad(-bäder)
	swimming trunks	die Badehose(-n)
	Switzerland	die Schweiz
	Swiss	schweizerisch
	symbol	das Symbol(-e)
	system	das System(-e)

Tt

	table	der Tisch(-e)
	tablespoon	der Esslöffel(-)
	tablet	die Tablette(-n)
	table tennis	Tischtennis
	tail	der Schwanz (Schwänze)
to	take	nehmen
to	take along	mitnehmen
to	take care of	aufpassen
to	take off (plane)	starten
to	take part	beteiligen
to	take place	stattfinden
to	take the dog for a walk	den Hund ausführen
to	take turns	sich abwechseln
to	talk	sprechen
	tall (person)	groß
to get a	tan	braun werden
	tape recorder	das Tonbandgerät(-e), der Kassettenrecorder(-)
	task	die Aufgabe(-n)
	taste	der Geschmack(-schmäcke)
to	taste	schmecken
	tasty	lecker
	taxi	das Taxi(-s)
	tea	der Tee(-s)
to	teach	unterrichten
	teacher	der Lehrer(-), die Lehrerin(-nen)
	team	die Mannschaft(-en)
	technology	die Technologie
	teddy bear	der Teddybär(-en)
	teenager	der Teenager(-)
	teeth	die Zähne (*pl.*)
to brush one's	teeth	sich die Zähne putzen
	telephone	das Telefon(-e)
by	telephone	telefonisch
to	telephone	anrufen
	telephone number	die Telefonnummer(-n)
	television	der Fernseher(-)
	television channel	das Programm(-e)
	television/film star	der Star(-s)
to	tell	erzählen
	temperature	die Temperatur(-en)
	temple	der Tempel(-)

■ = masculine noun   ■ = feminine noun   ■ = neuter noun   ■ = verb   ■ = adjective

ten – thirty

	ten	zehn
	tennis	Tennis
	tennis court	der Tennisplatz(-plätze)
	tent	das Zelt(-e)
	tenth	zehnte
	term	das Trimester(-)
	terraced house	das Reihenhaus(-häuser)
	terrible	schrecklich, furchtbar,
	terribly	schrecklich, furchtbar
	test	der Test(-s), die Probe(-n), die Klassenarbeit(-en)
	text	der Text(-e)
	textbook	das Lehrbuch(-bücher)
	text message	die Textnachricht(-en)
	thank you	danke
	thank you very much	vielen Dank
	that (conjunction)	dass
	that doesn't matter	das macht nichts
	that's alright	das geht
	that's enough	das reicht
	the	der/die/das
	theatre	das Theater(-)
to	them	ihnen
	theme	das Thema (Themen)
	theme/leisure park	der Themenpark(-s)
	themselves	sich
	then	dann
	then (used for emphasis)	mal
	theoretically	theoretisch
	there	da, dort, dorthin
	there is/are	es gibt
	therefore	also
	thermometer	das Thermometer(-)
	thick	dick
	thief	der Dieb(-e), die Diebin(-nen)
	thin	schlank
	thing	das Ding(-e), die Sache(-n)
to	think	denken, meinen
to	think about	überlegen
	third	dritte
	third	das Drittel(-)
	thirst	der Durst
to be	thirsty	Durst haben
	thirteen	dreizehn
	thirty	dreißig

■ = masculine noun   ■ = feminine noun   ■ = neuter noun   ■ = verb   ■ = adjective

this morning – tongue

	this morning	heute Morgen
	this time	diesmal
	this, these	dieser/diese/dieses, diese
like	this	so
	thousand	tausend
	threat	die Drohung(-en)
to	threaten with	drohen mit
	three	drei
	thriller	der Krimi(-s)
	throat lozenge	die Halstablette(-n)
	through	durch
to	throw	werfen
to	throw away	wegwerfen
it's	thundering	es donnert
	Thursday	Donnerstag
on	Thursday	am Donnerstag
on	Thursdays	donnerstags
	ticket	die Karte(-n)
	tidy	ordentlich
to	tidy (up)	aufräumen
	tie	die Krawatte(-n)
	tights	die Strumpfhose(-n)
	till	die Kasse(-n)
	time	die Zeit(-en), die Uhrzeit(-en)
at the same	time	gleichzeitig
at that	time	jeweils
in	time	rechtzeitig
	timetable	der Fahrplan(-pläne) (travel), der Stundenplan(-pläne) (school)
	tin	die Dose(-n)
	tip	der Tipp(-s), der Rat
	tired	müde
	tiring	anstrengend
	title	der Titel(-)
	to (a place)	zu/zur/zum
	toast (bread)	das Toastbrot(-e)
	today	heute
	toe	der Zeh(-en)
	together	zusammen
	toilet	die Toilette(-n), das Klo(-s)
	toilet paper	das Klopapier, das Toilettenpapier
	tomato	die Tomate(-n)
	tomato sauce	die Tomatensoße(-n)
	tomorrow	morgen
	tongue	die Zunge(-n)

■ = masculine noun   ■ = feminine noun   ■ = neuter noun   ■ = verb   ■ = adjective

too (also) – translate

	too (also)	auch
	took part	hat teilgenommen
	too much/too many	zuviel
	tool	das Werkzeug(-e)
	tooth	der Zahn (Zähne)
	toothache	die Zahnschmerzen (*pl.*)
	toothbrush	die Zahnbürste(-n)
	toothpaste	die Zahnpasta
	top	das Trikot(-s)
on	top	oben
	topical	aktuell
	torch	die Taschenlampe(-n)
	tortoise	die Schildkröte(-n)
	totally	total
to	touch	berühren
	tour	die Tour(-en)
	tourism	der Tourismus
	tourist	der Tourist(-en), die Touristin(-nen)
	tourist information office	das Verkehrsamt(-ämter)
	tournament	das Turnier(-e)
	tour of the town	die Stadttour(-en)
	towards	hin
	towel	das Handtuch(-tücher)
	tower	der Turm (Türme)
	town	die Stadt (Städte)
	town centre	das Stadtzentrum(-zentren)
	town hall	das Rathaus(-häuser)
	toys	die Spielwaren
	tracksuit	der Trainingsanzug(-züge), der Jogginganzug(-züge)
	tradition	die Tradition(-en)
	traffic	der Verkehr
	traffic accident	der Verkehrsunfall(-fälle)
	traffic jam	der Stau(-s/-e)
	traffic lights	die Verkehrsampel(-n)
	train	der Zug (Züge)
to	train	trainieren, ausbilden, üben
	trainee	der Auszubildende(-n), die Auszubildende(-n)
	trainers	die Sportschuhe (*pl.*), die Turnschuhe (*pl.*)
	train timetable	der Zugfahrplan(-pläne)
	tram	die S-Bahn(-en), die Straßenbahn(-en)
	trampoline	das Trampolin(-e)
to	translate	übersetzen

■ = masculine noun   ■ = feminine noun   ■ = neuter noun   ■ = verb   ■ = adjective

	transport	die Beförderung(-en)
to	travel	fahren
	travelling time	die Fahrzeit(-en)
to	travel together	zusammen fahren, zusammen reisen
	treasure	der Schatz (Schätze)
	treasure hunt	die Schatzsuche(-n)
	treatment	die Behandlung(-en)
	tree	der Baum (Bäume)
	trip	die Reise(-n)
	trophy	der Pokal(-e)
	trouble	die Mühe
	trousers	die Hose(-n)
	truck driver	der LKW-Fahrer(-), die LKW-Fahrerin(-nen)
	true	wahr, echt
	truly	wahr, echt
	trumpet	die Trompete(-n)
	trust	das Vertrauen
to	try	versuchen
to	try on	anprobieren
	T-shirt	das T-shirt(-s)
	Tuesday	Dienstag
on	Tuesday	am Dienstag
on	Tuesdays	dienstags
	tuna fish	der Thunfisch(-e)
	turkey	der Truthahn(-hähne)
	Turkey	die Türkei
to	turn down	ablehnen
	TV	das Fernsehen
	TV channel	der Sender(-s)
	TV listings	das Fernsehprogramm(-e)
	twelve	zwölf
	twenty	zwanzig
	twice	zweimal
	twin brother	der Zwillingsbruder(-brüder)
	twin sister	die Zwillingsschwester(-n)
	two	zwei
	two-euro coin	das Zweieurostück(-e)
in	twos	zu zweit
	two weeks ago	vorletzte Woche
	type of secondary school	die Hauptschule(-n), die Realschule(-n), das Gymnasium
	typical	typisch
	tyre	der Reifen(-)

■ = masculine noun　■ = feminine noun　■ = neuter noun　■ = verb　■ = adjective

Uu

	UFO	das UFO(-s)
	ugly	hässlich
	unbelievable	unglaublich
	umbrella	der Schirm(-e), der Regenschirm(-e)
	uncle	der Onkel(-)
	uncomfortable (atmosphere)	unangenehm, ungemütlich
	under	unter
	underground train	die U-Bahn(-en)
to	**underline**	unterstreichen
	underneath	unter
to	**understand**	verstehen
	understanding	verständnisvoll
	understood	verstanden
	underwear	die Unterwäsche
to get	**undressed**	sich ausziehen
	unemployed	arbeitslos
	unemployment	die Arbeitslosigkeit
	unfair	ungerecht, unfair
	unfit	unfit
	unfortunately	leider
	unfriendly	unfreundlich
	unhappiness	das Unglück
	unhappy	unglücklich
	unhealthy	ungesund
	uniform	die Uniform(-en)
	university	die Universität(-en)
	unmarried	ledig
to	**unpack**	auspacken
	unpunctual	unpünktlich
	unsatisfactory	ungenügend
	untidy	unaufgeräumt
	until	bis
	untouched	unberührt
	unwell	unwohl
	up(wards)	hinauf
	upset	bestürzt
	Urdu	Urdu
	us	uns
	use	die Aufwendung(-en)
to	**use**	verwenden
	used	gebraucht

■ = masculine noun   ■ = feminine noun   ■ = neuter noun   ■ = verb   ■ = adjective

used to – usually

I'm	**used to**	ich bin gewohnt
	useful	nützlich
	usually	meistens

Vv

	vacuum cleaner	der Staubsauger(-)
to do the	**vacuuming**	staubsaugen
	valid	gültig
	van	der Lieferwagen(-)
	vanilla ice cream	das Vanilleeis
	vase	die Vase(-n)
	veal	das Kalbfleisch
	vegetable burger	der Gemüseburger(-)
	vegetables	das Gemüse
	vegetable soup	die Gemüsesuppe(-n)
	vegetarian	vegetarisch
	vehicle	das Fahrzeug(-e)
	verb	das Verb(-en)
	very	sehr
	vet	der Tierarzt(-ärzte), die Tierärztin(-nen)
	video	das Video(-s)
	video game	das Videospiel(-e)
	Vienna	Wien
	view	der Blick(-e), der Ausblick(-e)
	village	das Dorf (Dörfer)
	violet	violet
	violin	die Geige(-n)
	visit	der Besuch(-e)
to	**visit**	besuchen
	visitor	der Besucher(-), die Besucherin(-nen)
	vitamin	das Vitamin(-e)
	vocabulary	die Vokabeln (*pl.*)
	vocabulary book	das Vokabelheft(-e)
	voice	die Stimme(-n)
	volleyball	Volleyball
to	**vomit**	sich erbrechen
	vote	die Wahl(-en)
to	**vote**	wählen

■ = masculine noun ■ = feminine noun ■ = neuter noun ■ = verb ■ = adjective

Ww

	waist	die Taille
to	wait	warten
	waiter	der Kellner(-)
	waitress	die Kellnerin(-nen)
to	wake up	aufwachen
	Wales	Wales
	walk	der Spaziergang(-gänge), die Wanderung(-en)
to go for a	walk	spazieren gehen
	wall	der Wand (Wände)
	wallet	die Brieftasche(-n)
	walnut	die Walnuss(-nüsse)
to	want	wollen
	war	der Krieg(-e)
	wardrobe	der Kleiderschrank(-schränke)
	warm	warm
to	warn	warnen
	warning	die Warnung(-en)
	was	war
to	wash	waschen
to have a	wash	sich waschen
	washing machine	die Waschmaschine(-n)
to	wash the dishes	abspülen
to	wash up	abwaschen
	wasp	die Wespe(-n)
	waste of energy	die Energieverschwendung(-en)
	waste paper	das Altpapier(-e)
	waste-paper basket	der Papierkorb(-körbe)
	watch	die Armbanduhr(-en)
to	watch out	aufpassen
	watch out!	Achtung!, pass auf!
to	watch television	fernsehen
	water	das Wasser
	wave	die Welle(-n)
	way	der Weg(-e)
on the	way	unterwegs
in this	way	so
	we	wir
to	wear	tragen
	we are	wir sind
	weather	das Wetter
	weather forecast	der Wetterbericht(-e)

■ = masculine noun   ■ = feminine noun   ■ = neuter noun   ■ = verb   ■ = adjective

weather like? – where from?

what's the weather like?	wie ist das Wetter?
the weather's bad	das Wetter ist schlecht
the weather's fine	das Wetter ist schön
website	die Webseite(-n)
wedding	die Hochzeit(-en)
Wednesday	Mittwoch
on Wednesday	am Mittwoch
on Wednesdays	mittwochs
week	die Woche(-n)
once a week	einmal pro Woche
on weekdays	werktags
weekend	das Wochenende(-n)
to weigh	wiegen
to lose weight	abnehmen
to put on weight	zunehmen
to welcome	wilkommen
well	na
well done	bravo
wellington boot	der Gummistiefel(-)
well-known	bekannt
Welsh	walisisch
were	waren
west	West-
West	im Westen
western (film)	der Western(-)
West Indies	Westindische Inseln
wet	nass
what?	was?
what colour is it?	welche Farbe hat es?
what do you think of…?	was hältst du von…?
what else?	was noch?
what for	worauf
what for?	wofür?, wozu?
what is it?	was ist?
what is wrong with you?	was fehlt dir?
what's the time?	wie spät ist es?
what's up?	was ist los?, was gibt's?
what's your name?	wie heißt du?
wheel	das Rad (Räder)
wheelchair	der Rollstuhl(-stühle)
when?	wann?
whenever, if	wenn
where?	wo?
where does it hurt?	wo tut es weh?
where from?	woher?

■ = masculine noun　■ = feminine noun　■ = neuter noun　■ = verb　■ = adjective

where to? – world tour

	where to?	wohin?
	which	welcher/welche/welches
	while, during	während
	white	weiß
	white bread	das Weißbrot(-e)
	who?	wer?
	who does…belong to?	wem gehört?
	who, whom?	wen?
	whole	ganz
	wholegrain bread	das Vollkornbrot(-e)
to	whom?	wem?
	why?	warum?
	wide	breit
	width	die Breite(-n)
	wife	die Frau(-en)
	wig	die Perücke(-n)
to	win	gewinnen
	wind	der Wind(-e)
	window	das Fenster(-)
to	windsurf	windsurfen
	windy	windig
	wine	der Wein(-e)
	winner	der Sieger(-)
	winter	der Winter(-)
in the	winter	im Winter
to	wish	wünschen
	with	mit
	with best wishes	herzliche Grüße
	without	ohne
	with that	dazu
	with this	damit
	woman	die Frau(-en)
	wonder	das Wunder(-)
	wonderful	wunderbar, wunderschön
	wood	der Wald (Wälder)
	wool	die Wolle(-n)
	word	das Wort (Wörter)
	word-processing	die Textverarbeitung(-en)
	work	die Arbeit(-en)
to	work	arbeiten
	working life	das Berufsleben
	worksheet	das Arbeitsblatt(-blätter)
	world	die Welt(-en)
	world tour	die Weltreise(-n)

■ = masculine noun ■ = feminine noun ■ = neuter noun ■ = verb ■ = adjective

world champion – wrong, incorrect

	world champion	der Weltmeister(-), die Weltmeisterin(-nen)
	world war	der Weltkrieg(-e)
	worry	die Sorge(-n)
the	worst	der/die/das Schlimmste
it is	worth it	es lohnt sich
	worth seeing	sehenswert
I	would like	ich möchte
to	write	schreiben
to	write down	aufschreiben
in	writing	schriftlich
	wrong, incorrect	falsch

Xx

X-ray	die Röntgenstrahlen (*pl.*)
xylophone	das Xylophon(-e)

Yy

yacht	die Yacht(-en)
year	das Jahr(-e)
10 **years ago**	vor 10 Jahren
yellow	gelb
yes	ja
yes, please	bitte sehr
yesterday	gestern
yoghurt	der Joghurt(-s)
you (*sing. informal*)	du
you (*polite*)	Ihnen
(to) **you** (*sing. informal*)	dir
(to) **you** (*polite*)	Ihnen
you are (*sing. informal*)	du bist
you are (*polite*)	Sie sind
young	jung
younger	jünger
young people	die Jugendlichen
your (*sing. informal*)	dein/deine/deines
your (*pl. polite*)	Euer/Eure/Eures
your (*polite*)	Ihr/Ihre/Ihres
yours faithfully	hochachtungsvoll
youth centre	das Jugendzentrum(-zentren)
youth club	der Jugendklub(-s), das Jugendhaus(-häuser)
youth hostel	die Jugendherberge(-n)
yuck!	igitt!

Zz

zero	null
zoo	der Zoo(-s)

■ = masculine noun   ■ = feminine noun   ■ = neuter noun   ■ = verb   ■ = adjective

Appendix

die Nummern — **numbers**

German	Number	English
eins	1	one
zwei	2	two
drei	3	three
vier	4	four
fünf	5	five
sechs	6	six
sieben	7	seven
acht	8	eight
neun	9	nine
zehn	10	ten
elf	11	eleven
zwölf	12	twelve
dreizehn	13	thirteen
vierzehn	14	fourteen
fünfzehn	15	fifteen
sechzehn	16	sixteen
siebzehn	17	seventeen
achtzehn	18	eighteen
neunzehn	19	nineteen
zwanzig	20	twenty
einundzwanzig	21	twenty-one
zweiundzwanzig	22	twenty-two
dreißig	30	thirty
vierzig	40	forty
fünfzig	50	fifty
sechzig	60	sixty
siebzig	70	seventy
achtzig	80	eighty
neunzig	90	ninety
hundert	100	a hundred
zweihunderteins	201	two hundred and one
zweihundertzwei	202	two hundred and two
tausend	1000	a thousand
eine Million	1 000 000	a million

■ = masculine noun   ■ = feminine noun   ■ = neuter noun   ■ = verb   ■ = adjective

die **Ordnungszahlen**	ordinal numbers
erste	1st
zweite	2nd
dritte	3rd
vierte	4th
fünfte	5th
sechste	6th
siebte	7th
achte	8th
neunte	9th
zehnte	10th

die **Brüche**	fractions
Hälfte	half
Drittel	third
Viertel	quarter
Fünftel	fifth
drei komma vier, 3,4	three point four, 3.4
null komma fünf, 0,5	(nought) point five, 0.5
zehn Prozent	ten per cent

= masculine noun   = feminine noun   = neuter noun   = verb   = adjective

die Wochentage — **days of the week**

- **Montag** — Monday
- **Dienstag** — Tuesday
- **Mittwoch** — Wednesday
- **Donnerstag** — Thursday
- **Freitag** — Friday
- **Samstag** — Saturday
- **Sonntag** — Sunday

die Monate — **months**

- **Januar** — January
- **Februar** — February
- **März** — March
- **April** — April
- **Mai** — May
- **Juni** — June
- **Juli** — July
- **August** — August
- **September** — September
- **Oktober** — October
- **November** — November
- **Dezember** — December

die Jahreszeiten — **seasons**

- **der Frühling** — spring
- **der Sommer** — summer
- **der Herbst** — autumn
- **der Winter** — winter
- **im Frühling** — in spring

1994 = neunzehnhundertvierundneunzig
2005 = zweitausendfünf

■ = masculine noun   ■ = feminine noun   ■ = neuter noun   ■ = verb   ■ = adjective

verbs
regular verbs: the present tense

spielen	to play
ich spiele	I play
du spielst	you play (*informal, sing.*)
er/sie/es spielt	he/she/it plays
wir spielen	we play (*informal, pl.*)
ihr spielt	you play
Sie spielen	you play (*formal*)
sie spielen	they play

irregular verbs: the present tense
In some verbs, the vowel changes in the *du* and *er/sie/es* forms.

lesen – to read	fahren – to go	essen – to eat
ich lese	ich fahre	ich esse
du liest	du fährst	du isst
er/sie/es liest	er/sie/es fährt	er/sie/es isst
wir lesen	wir fahren	wir essen
ihr lest	ihr fahrt	ihr esst
Sie lesen	Sie fahren	Sie essen
sie lesen	sie fahren	sie essen

haben – to have	sein – to be
ich habe	ich bin
du hast	du bist
er/sie/es hat	er/sie/es ist
wir haben	wir sind
ihr habt	ihr seid
Sie haben	Sie sind
sie haben	sie sind

■ = masculine noun   ■ = feminine noun   ■ = neuter noun   ■ = verb   ■ = adjective

telling the time

Wie spät ist es? — What time is it?
Wieviel Uhr ist es?

the hours

es ist ein Uhr — it's 1 o'clock
es ist zwei Uhr — it's 2 o'clock

minutes past the hour

es ist fünf nach zwei — it's five past five
es ist zwanzig nach zwei — it's twenty past two

minutes to the hour

es ist zwanzig vor drei — it's twenty to three
es ist fünf vor drei — it's five to three

quarter and half hours

es ist Viertel nach zwei — it's quarter past two
es ist halb drei — it's half past two
Es ist Viertel vor drei — it's quarter to three

midday and midnight

es ist Mittag — it's (12) noon
es ist Mitternacht — it's (12) midnight

24-hour clock

es ist dreizehn Uhr	13.00
es ist vierzehn Uhr zehn	14.10
es ist fünfzehn Uhr zwanzig	15.20
es ist sechzehn Uhr fünfunddreißig	16.35
es ist siebzehn Uhr vierzig	17.40
es ist achtzehn Uhr fünfundfünfzig	18.55

■ = masculine noun   ■ = feminine noun   ■ = neuter noun   ■ = verb   ■ = adjective